U0453184

生态心理学视域下
村寨景区组织冲突研究
以A村寨为例

胡 莹◎著

A Study on The Conflict of Village Scenic Area
in The View of Ecological Psychology
Taking A Village as an Example

中国社会科学出版社

图书在版编目(CIP)数据

生态心理学视域下村寨景区组织冲突研究：以 A 村寨为例 / 胡莹著. -- 北京：中国社会科学出版社，2025.4. -- ISBN 978-7-5227-4430-8

Ⅰ. F592.773

中国国家版本馆 CIP 数据核字第 2024N2V851 号

出 版 人	季为民
责任编辑	周　佳
责任校对	胡新芳
责任印制	李寡寡

出　　版	中国社会科学出版社
社　　址	北京鼓楼西大街甲 158 号
邮　　编	100720
网　　址	http://www.csspw.cn
发 行 部	010-84083685
门 市 部	010-84029450
经　　销	新华书店及其他书店
印刷装订	北京市十月印刷有限公司
版　　次	2025 年 4 月第 1 版
印　　次	2025 年 4 月第 1 次印刷
开　　本	710×1000　1/16
印　　张	13.5
字　　数	208 千字
定　　价	75.00 元

凡购买中国社会科学出版社图书，如有质量问题请与本社营销中心联系调换
电话：010-84083683

版权所有　侵权必究

目录

第一章 绪论 ... 1
    第一节 研究背景 ... 1
    第二节 研究进展与评述 ... 5
    第三节 研究意义 ... 27
    第四节 研究基础与典型性 ... 31
    第五节 研究方案 ... 32

第二章 核心概念研究及理论应用分析 ... 37
    第一节 村寨景区冲突 ... 37
    第二节 组织冲突 ... 44
    第三节 生态心理学及应用分析 ... 55

第三章 复合组织分析框架构建及冲突体系分析 ... 76
    第一节 复合组织的界定与内涵分析 ... 76
    第二节 复合组织的内部系统分析 ... 82

第三节 复合组织的冲突解析　89
第四节 复合组织系统的功能与实现途径　94

第四章　A村寨景区社会环境与组织复合化研究　101

第一节 A村寨景区概况及旅游发展　101
第二节 A村寨景区原生环境的组织属性及构成分析　107
第三节 A村寨景区及管理层组织形成演化的过程　115
第四节 A村寨景区组织构成及复合社会系统分析　120

第五章　A村寨景区组织功能失调与冲突系统研究　126

第一节 A村寨景区组织功能失调的表现：冲突系统分析　126
第二节 A村寨景区组织冲突的系统原因　139
第三节 A村寨景区冲突的心理原因分析　143

第六章　A村寨景区组织管理过程冲突及机制研究　150

第一节 管理过程实施的复合化组织环境　150
第二节 管理过程冲突形成的主要因素分析　153
第三节 A村寨景区的组织冲突机制　172

第七章 村寨景区组织冲突管理的生态化发展　177

　　第一节　组织冲突与组织发展的辩证关系　177
　　第二节　组织冲突管理生态化的理论思考　180
　　第三节　组织冲突管理体系的构建　183

第八章 研究结论与展望　190

　　第一节　研究结论　190
　　第二节　研究的创新点　195
　　第三节　研究展望　197

主要参考文献　199

附录　A 村寨景区冲突调查问卷　209

后　记　212

第一章 绪论

第一节 研究背景

旅游业作为一种带动效应强且相对绿色的产业，前些年在中国乡村地区作为扶贫的主要手段和途径普遍实践。乡村旅游发展过程中，越来越多的乡村村寨成为旅游景区。旅游的综合性产生的全面渗透作用，使村寨的景区化所导致的村寨社会文化体系与整体经济环境之间关系的不协调、不适应所产生的根本性矛盾与冲突逐步凸显，成为影响村寨社区、乡村地区经济甚至是中国和谐与可持续发展的一个突出问题。

一 村寨景区冲突事件的影响

A村寨景区2012年交通运营冲突事件，是景区内冲突的发展与升级。2012年8月，针对村民私家车在景区内无序运营造成的混乱现象，当地政府指示A村寨景区管理局及相关部门按照相关要求，对A村寨景区内的机动车辆进行整顿。要求除旅游公司的营运车辆外，村民的私家车白天不能在景区营运。这引起了村寨内车主们的不满情绪，加上之前仍待解决的门票收入分成等问题，村民开始抵抗。在此情况下，管理局协调各单位进行调解，但村民的车辆营运问题并未得到解决。这次车辆营运事件，实际上是村民与管理层之间，基于景区门票收益、发展机会不均等等矛盾冲突积累的一个阶段性爆发。经协调，村民的要求得以满足，景区恢复正常。在此之前，景区内村民与管理局也因为土地流转与旅游收益分配不均的问题有过不同程度的对抗与冲突，景区内的组织主体关系时常处于紧张状态。

2005年，开发商成立生态开发公司。开发初期，开发商承诺村民要让旅游为他们带来实惠，但是在实际的旅游发展过程中，开发商并未兑现他们所说的"实惠"，而是只关注自身利益，并与村民发生了严重的冲突。开发商曾经许诺，在修建进山公路时一定会雇用本地村民，实际却雇用外来人员，这引起了居民对开发商的不满并产生对峙。B村是梅里雪山脚下的传统藏族自然村落，在传统社会环境中，B村村民自我开发、自我管理，有一套运行有效的管理规范和乡村文化。在旅游开发不断深入的过程中，村寨内外环境发生了变化。村规民约的力量在环境与社会关系变化的过程中，逐步减弱。村民面对外来管理者应对无力；同时，村内和谐的邻里关系也因为利益分化，变得疏远而暗藏矛盾冲突，村寨内部的原生社会关系被打破。2012年7月，开发商与村民就环境保护、旅游社区补偿资金等问题发生冲突。四川某村寨景区，也存在村民与外来管理者之间因为利益与权益不公引发的矛盾冲突。2006年，多方主体重组的旅游发展公司成立，并与当地村民以合股的形式开发当地旅游资源，形成了"公司+农户"的旅游开发模式。之后，景区经营权逐步转让给外来的旅游发展公司，但公司在实际的旅游经营与村民的管理互动过程中，双方信息不对称，互不信任，出现了与A村寨景区类似的征地补偿差异、收益分配不公、村民私自带游客逃票等多种冲突现象。此外，村寨内部村民之间也由于经济利益驱使，形成恶性竞争，破坏了原有的社会关系。[①]

某景区自2016年国庆节试营业期间，有大批游客慕名而来。国庆黄金周期间，由于门票供不应求，开始有人在景区外兜售黄牛票，扰乱门票价格，还有部分村民私自带游客入园，也给景区的正常管理造成混乱。

[①] 钟洁、杨桂华：《旅游社会冲突的特征、主体与类型——基于对西部民族地区旅游业发展的考察》，《贵州民族研究》2014年第1期。

为此，村民与景区管理人员发生争执并引发矛盾升级。

A村寨景区以及其他村寨景区的组织冲突事件，是村寨景区化过程中存在的主要问题，也由于旅游业在乡村地区的迅速发展而普遍存在。地区经济发展的同时，也伴生了社会环境变化带来的适应问题和矛盾。上述景区冲突事件的具体冲突形式虽然不同，但其本质都是旅游开发管理过程中的社会生态关系与组织实际关系的不对应，具体体现为管理层组织与景区居民群体之间的组织性冲突。地方政府管理层并未发挥应有的作用和功能，而是通过掌控景区收益分配、发展决策权，忽视村寨群众的主体身份而进行管理，进而导致地方政府和民众的关系错位失衡，认同降低、矛盾激化，组织冲突不断出现。矛盾冲突的普遍性与乡村地区社会环境和文化特征的共性，使其成为关系我国社会和谐与乡村地区经济可持续、文化整体和谐发展的重要问题。旅游发展中的组织形态、关系和冲突的复杂化都对组织管理提出了新的要求与考验。

二 乡村地区和谐发展的重要性

第一，乡村是我国发展的主体，也是生态文明建设的基础。以尊重各地方乡村文化为前提的乡村振兴政策一直是实现乡村地区可持续发展与国家和谐统一的关键。在此过程中我们需要明确的是，多元文化的并存是我国的国情，也是国家治理所必须正视的问题。不同区域内、不同形式的组织管理行为是具体的组织互动，也是一个组织间跨文化的作用和彼此适应的过程，而真正意义上的和谐也是社会体系内各个组成部分从矛盾冲突到利益平衡之间的转化过程。我们需要探究其中的原因及运行机制，把握其规律并采取相应措施。这对于维护乡村地区乃至国家整体的统一与社会和谐有重要的作用。

第二，乡村地区的各村寨群体以其与自然生态环境的密切关系，形成不同的生态文化，是我国生态文明构建的主要组成部分。村寨作为一种乡村传统生态文明的集中体现，对于生态文明的理论与实践的研究有特别的意义。在新的旅游经济环境中，社会的变革引发乡村地区内部组织的分化和发展，新的环境需要明确组织内涵的复杂化进程。基于乡村地区特点的复合组织的出现，对区域管理提出新的要求。村寨景区复合型组织的形成、管理与组织文化生态化建构，反映出我国生态文明建设现阶段的问题和特点，对此深入的分析研究将对促进生态文明的建设与发展起到积极的作用。

三　组织研究的生态化发展是组织管理提升的关键

第一，组织理论生态化研究取向是我国社会转型期组织发展的适应需求。社会发展组织的复杂化趋势在区域经济发展的过程中体现明显，很多新的组织形式出现，使原有意义上的组织内涵有所拓展，但并未引起研究者们的关注和明确。组织的复合性和社会环境的复杂性变化对于组织的发展与研究有新的阶段性意义，要求新的研究视角和理论提升。对于新环境条件组织理论的发展与构建，将突破组织研究的局限。运用多元研究方法对于发展中的组织问题研究具有重要的现实意义。

第二，旅游经济作为一种绿色、带动性产业，以时效性的优势在乡村地区普遍实践，乡村地区村寨景区的发展与增加伴随着"村寨景区"的迅速发展，这种新型的复合组织形态是社会环境复杂化的体现，也是现阶段我国复合型组织的典型代表。村寨景区的社会系统与形态的复合性对于旅游景区管理、乡村传统文化的传承，以及地区社会组织管理都提出了新的要求。以往的组织认知与管理模式下出现了越来越多的组织冲突，证明在很大程度上已经不适应新的阶段环境关系。对于景区组织的冲突管理效率关系到乡村地区的经济与社会可持续发展，所以我们需要明确"组织与社会生态环境"关系的整体性、关联性与复杂化，关注新社会环境中诞生的复合组织的内涵及特点研究，探索适应组织与社会环境发展特点的有效管理方法。以生态观为基础展开对乡村村寨景区组织冲突的系统研究，对于复合组织研究发展与有效管理是一种新探索。

第二节 研究进展与评述

本部分旨在对乡村村寨景区冲突以及生态心理学的研究文献进行梳理,把握相关内容的研究现状与发展情境,并进行深入分析,明确研究的空白与不足,进而提出研究所要进行的理论提升与解决问题的新方法和视角。

一 村寨景区冲突研究综述

(一)村寨旅游研究

鉴于目前学界对"村寨景区"还没有确切形成统一的定义和开展相关研究,而是以其作为村寨旅游发展过程中的产物,本书从村寨旅游的研究入手分析村寨旅游过程中的冲突问题。

鉴于旅游业在国内外的发展趋势,及其作为一种高效、绿色的乡村振兴途径在中国乡村地区的普遍实践现状,国内关于乡村村寨旅游的研究内容丰富且增长较快,主要集中于以下几个方面:村寨旅游发展中的问题与对策;发展规划研究、影响研究;乡村村寨旅游社区参与研究;等等。

社区参与旅游是乡村旅游发展之后的一个重要研究主题,由于其内容的热度和影响,许多学者关注和研究社区参与问题,比如乡村社区在旅游发展中所产生的差异和矛盾。罗永常基于社区参与旅游利益的分配问题,探讨分配机制的合理性对村寨旅游可持续发展的意义,并针对性提出社区参与旅游的利益保障机制。[①] 对于旅游利益分配问题的研究一直是社区参与旅游及其发展的核心,而这一内容的研究则是基于社区参与旅游发展过程中出现的不适应与矛盾现状。近几年,对于乡村社区参与旅游研究比较集中的学者有左冰,他主要从制度层面研究旅游社区增权

---

① 罗永常:《民族村寨社区参与旅游开发的利益保障机制》,《旅游学刊》2006年第10期。

对于社会可持续发展的影响和内在机制。左冰认为，社区旅游收益分配所产生的问题不是单纯的经济问题，而是涉及政治和社会制度安排的"正义"问题，并提出旅游收益的"分配正义"实现需要根本性的制度变革，建立一个具有共同利益决策权的政治体制与经济机制。① 与本研究内涵较为相近是保继刚、陈求隆的研究，② 他们基于村寨型景区与开发者之间的资源依赖、权力利益博弈关系，构建了资源相互依赖关系分析框架，探讨村寨型景区开发企业与社区关系动态演变背后的逻辑，并指出村寨型景区开发企业与社区关系的动态演变是二者资源相互依赖程度变化作用的结果。

（二）乡村村寨管理研究

从整体的研究来看，对于乡村村寨景区管理的研究较少，而现有的研究也基本是从乡村村寨的行政组织属性出发，以行政管理的框架来研究其治理问题的。具体是从外层物质关系或政策、制度层面来展开分析，如管理队伍建设、方法创新；乡村自治问题，体制改革等方面。而对乡村村寨组织管理的研究基本是以村民自治制度的发展和困境问题为主，张紧跟从村寨自治制度的理论与实践的矛盾分析了村民自治的内在困境；③ 何鹏以云南弥勒的彝族村寨可邑为例，研究了村民自治制度在具体的村寨是如何实践变化的过程，并对其存在的问题提出了改进的措施。④ 王树梅等以贵州雷山丹江镇白岩村为例，对乡村村寨的村民自治实施情况进行具体调查，并针对具体问题提出对策：乡镇政府与村委会的关系、村寨整体的干群素质培养，以及完善自治的法律制度。⑤

从以上的相关研究中分析，目前对乡村村寨景区管理的研究多是基

---

① 左冰：《共容利益：社区参与旅游发展之利益协调》，《旅游科学》2013年第1期。
② 保继刚、陈求隆：《资源依赖、权力与利益博弈：村寨型景区开发企业与社区关系研究——以西双版纳勐景来景区为例》，《地理科学》2022年第1期。
③ 张紧跟：《村民自治的困境分析》，《中山大学学报》（社会科学版）2001年第5期。
④ 何鹏：《村民自治组织在少数民族村寨的历史变迁及现实表现》，《贵州民族学院学报》（哲学社会科学版）2007年第6期。
⑤ 王树梅、金德谷、胡咏梅：《贵州民族地区村民自治存在的问题与对策——以贵州省雷山县丹江镇白岩村为例》，《河北农业科学》2010年第4期。

于一般的组织理论,把景区作为一个一般意义上的旅游企业来考虑。研究内容主要是组织结构的调整、行政手段和制度的革新、内部关系调整等方面。政府管理、投资开发组织与村寨内部组织的关系一直是学者关注的主要问题,但是只是从管理的范围和职能的分界概念上提出,并没有从组织的整体性和内外环境关系协调统一性,以及组织内部不同层级间的关系协调性上作出深层的分析,这对于乡村地区村寨型景区的管理有重要的意义,是很值得深究的。

(三) 乡村村寨景区冲突研究评述

村寨旅游是我国乡村旅游发展的一个重要部分,村寨作为乡村的构成部分,具有乡村旅游发展所体现问题的共性,也由于区域乡村传统文化的背景而具有自身发展的特点。从现有的研究中分析,研究者对旅游发展中冲突主体的范围与概念界定是不同的,有的以乡村村寨为冲突主体,有的以民族村寨为主体,还有很多以社区为主体来研究。但仔细分析研究的内容,这些主体的内涵范围都是有交集的,从本质上看它们都属于组织的范畴,差别在于不同领域的称谓或者空间范围的大小。笔者对"村寨景区"进行检索,发现没有相关研究。这在一定程度上说明,研究者们对于村寨景区化的意识还不够明晰,多数还是把村寨看作一个社区单元,与旅游管理者分开来看,并没有把村寨看作真正意义上的景区整体。当然这与各个村寨旅游地景区化程度的不同有关。从管理的效率与组织发展出发,对研究对象阶段发展的认识和界定是展开研究的一个前提基础。

乡村、民族村寨以及村寨社区的旅游冲突研究随着旅游经济的发展逐渐增加,针对冲突的问题的复杂性,学者们从经济学、社会学等学科出发分别进行了研究,而多数以利益相关者为主要研究视角,分析村寨景区的冲突问题。李浈从民族村寨社区内外的利益主体出发,分析了利益冲突的类型与根源。[①] 李浈又以西双版纳傣族园为例,通过

---

① 李浈:《少数民族村寨旅游社区内部和外部利益冲突类型及根源分析》,《江苏商论》2011年第11期。

深度访谈对村寨景区内村民之间的利益矛盾关系进行了分析,认为矛盾源于传统非制度的作用的消解与正式制度的不完善,而且村民利益对旅游的依赖度比较高,应该通过建立完善的制度、培养村民自身发展的能力来平衡旅游收入和其他收入的比例,从而形成一个协调的结构。① 张海燕、李岚林的切入点是旅游产业的核心利益相关者,通过对西南地区案例地的具体利益冲突与矛盾的特点分析,运用增权理论提出了解决利益冲突的策略,试图促进乡村旅游地的社会系统的和谐发展。② 马克禄等则是以香格里拉几个景区内的藏族村寨社区为主体,研究旅游利益主体之间的矛盾关系和分析产生的原因,进而研究冲突管理调控机制,提出了对利益受损社区的旅游补偿方式。其中有提及文化差异的因素,但并没有与其他原因相联系以形成一个关系分析。③ 钟洁等以四川甲居藏寨为例,针对民族村寨社区旅游的社会冲突的调控进行研究。④ 这是从社会学视角对旅游社区内部各单元关系的综合性分析。严栋对各利益相关者之间错综复杂的利益关系、冲突表现及其成因进行分析,并为协调他们之间的利益关系奠定理论基础。⑤ 吴晓山从利益冲突对乡村和民族文化的可持续发展影响出发,实证分析了村寨文化旅游冲突产生的原因。⑥ 他认为,村寨文化旅游冲突产生的因素不是单一或孤立的,而是一个复杂的系统,其中各个相关者之间相互联系,并存在差异与矛盾。利益相关者之间的经济利益矛盾是引发冲突的直接原因,但其深层的、内在的原因是主体间的文化差异。这是少

---

① 李湮:《协调西双版纳傣族园村民内部利益关系的实证研究》,《广西经济管理干部学院学报》2012年第3期。
② 张海燕、李岚林:《基于和谐社会建设的西南民族地区旅游产业利益相关者利益冲突与协调研究》,《贵州民族研究》2011年第6期。
③ 马克禄、葛绪锋、黄鹰西:《香格里拉旅游开发引发的藏族社区冲突及旅游补偿调控机制研究》,《北京第二外国语学院学报》2013年第11期。
④ 钟洁、李如嘉、唐勇:《四川民族村寨社区旅游社会冲突的调控机制研究——以甲居藏寨为例》,《开发研究》2013年第3期。
⑤ 严栋:《旅游资源开发中利益相关者的利益冲突及成因分析》,《教育教学论坛》2011年第33期。
⑥ 吴晓山:《冲突在民族文化旅游中的动因与消解》,《四川民族学院学报》2013年第4期。

有的从村寨文化入手对冲突进行的研究。学者们关于冲突的研究基本是以旅游特定空间范围内主体间冲突的直接原因——经济利益冲突作为研究的切入点进行分析，这与乡村旅游发展阶段所表现的主要矛盾是一致的。相同的利益冲突问题，不同研究者的分析结论存在差异，对于原因的理解也不同。这是研究领域的差异导致的，但上述研究都有一个共性，即他们研究的对象是以利益关系为依据，把相关的主体作为彼此独立的组织或者单位，以组织之间即团际关系为思维基点，展开的局部研究。这样我们看到的就是一个局部的具体问题，而鲜有人把村寨旅游地看作一个整体来系统地考虑。罗辉以社区为主体范围的冲突研究，将利益相关的各方——地方政府及旅游管理部门、社区集体组织、外来旅游企业、社区居民等作了划分，分析了主体为了利益而产生的冲突，并从社会生产力、制度和文化等方面分析了冲突产生的原因。[①] 他将5个主体以组织的划分来分层研究了各自的利益矛盾冲突，已经有了组织的概念。此外，他认为社区参与旅游发展的利益冲突是一个主体复杂的关系系统，必须放在社区经济及社会发展的大环境中来思考解决。这是一种环境整体意识的体现，但他以利益冲突研究了主体间的关系，而没有从组织内外关系的体系作用来研究冲突的原因。保继刚、陈求隆以村寨型景区为对象，基于资源依赖、利益博弈关系，分析了开发者与村寨社区之间由于依赖关系的变化而产生的主体关系和冲突变化。[②] 探讨的是村寨景区内社区与投资企业之间的作用系统，本质依然是二元或者多元，没有一元整体协调的概念。

以"村寨景区"为关键词对博士学位论文和硕士学位论文进行检索，发现很少针对冲突的研究，而主要内容还是集中在旅游的发展和乡村民族文化的传承与保护问题上。分析发现，目前对乡村地区和村寨冲突的研究在社会学领域以"群体事件"为主要形式。司亦含以权利交换的理论为基础，以西江苗寨景区为例，通过对其群体事件的成因及发展过程

---

① 罗辉：《社区参与旅游发展的利益冲突》，《玉溪师范学院学报》2006年第11期。
② 保继刚、陈求隆：《资源依赖、权力与利益博弈：村寨型景区开发企业与社区关系研究——以西双版纳勐景来景区为例》，《地理科学》2022年第1期。

特点的深入分析，提出相应的权利交换对策。① 其以群体事件为主体研究乡村村寨冲突，是从社会学的视角对冲突事件的研究。

二 组织冲突研究综述

（一）国内外研究概况

冲突是主体矛盾的一种表现状态和形式，它广泛地存在于事物中。因为其内涵及影响一直是社会学、心理学和经济学等领域的研究对象，研究内容较为丰富。人们对冲突的研究由来已久，而对组织冲突的专门研究则起步较晚，学术界对现代组织冲突的广泛研究始于20世纪60年代。② 人们对冲突的认识随着组织内具体问题的研究而发展。从社会学的研究来看，关于社会冲突的冲突理论注重权力问题的研究，集中研究权力的产生、分配、作用和影响等，这源于社会学的学科特点。其代表人物达伦多夫（R. Dahromdorf）认为，制度内部的冲突是围绕制度中的权威发生的。他认为工业的冲突已经制度化，即冲突已被限定在特定制度范围内。③ 相比较而言，管理科学对企业组织冲突的研究就比较缺乏，与企业组织的实际发展情况并没有协调一致。资料显示，组织冲突在早期只是组织管理研究中很小的一部分，而且很零散。具体分析是因为，管理科学最初对企业组织的冲突研究是基于传统管理理论的认知，即所有的冲突都是有害的，要尽量避免一切冲突。随着社会的变化发展，组织内外关系复杂化，矛盾冲突逐步增加，管理者和研究者们的注意力更多地转向了组织冲突的研究，而对冲突的性质和作用的认知也得到了新的发展。换句话说，是对组织内涵及主体关系差异本质认知的发展，是管理需求变化的一种体现。作为一种人与人相互作用的系统，组织中某些关系的不协调必然导致冲突的客观存在，而冲突对组织的影响也不单纯是其性质决定的，更重要的是对冲突的把握和管理控制。随着组织对社会环境发展意义的扩展与深

---

① 司亦含：《交换权利视域下的西南民族地区群体性事件分析——以贵州西江苗寨为例》，硕士学位论文，重庆大学，2014年。
② 刘炜：《企业内部冲突管理研究》，博士学位论文，首都经济贸易大学，2007年，第13页。
③ 邱益中：《国内外学者对企业组织冲突问题的研究》，《外国经济与管理》1996年第5期。

入，组织冲突的理论及控制管理的研究，成为企业组织管理的一项主要内容。

从组织管理理论的发展过程来看，其经历了传统管理理论、人群关系论（新古典管理理论）、现代管理理论及其以后的发展等几个阶段。邱益中把管理科学对冲突的研究发展作为研究思路，以冲突是否为研究对象来分析管理科学的研究发展。① 他将管理科学对冲突的研究划分为两个发展阶段：一是早期有所涉及，但不广、不深的冲突研究，时间上是新古典管理理论及其以前的阶段；二是当代的冲突研究，主要是现代管理理论及其以后的发展阶段。实际上，古典管理理论中已经对组织冲突的问题有所涉及。泰勒在其科学管理理论中主张雇主和工人之间的关系调整，应为共同提高劳动生产率服务。法约尔在他的"14 项原则"中，提出应该"重视合作和维护个人相互之间的关系"的观点。韦伯提出组织协调发展需要建立一种"理想行政组织体系"，是基于对组织冲突的认知和考虑而提出的。② 由于管理科学的研究内容受到社会文化背景和学科阶段性理论主体倾向的影响，组织管理研究是以"经济的人"的假设为出发点，更加注重组织效率的管理研究。关于组织冲突的研究是随着组织的复杂化，基于对组织中人的关系以及冲突性质的辩证关系认知发展，通过组织管理的不断实践研究，才逐步构建深入的。20 世纪 60 年代，关于组织冲突的研究广泛展开。在此过程中，研究者也突破了传统的关于冲突的破坏性认识，开始发现冲突对于组织的积极一面，并进行深入研究。例如 J. Klly 发表在《哈佛商业评论》上的"Make Conflict Work for You"、H. Assael 发表在《管理科学季刊》上的"Conservatitve Role of Interorganizational Conflicts"等研究，均认为组织中存在的冲突具有一定的积极作用。随后，冲突逐渐成为组织管理研究中的一项重要内容，在有关组织管理的很多论著中都有关于组织冲突的研究。1967 年，行为学家 Louis Pondy 在其关于组织冲突的研究中，具体描述了冲突过程的五个阶段，并

---

① 邱益中：《国内外学者对企业组织冲突问题的研究》，《外国经济与管理》1996 年第 5 期。
② 王琦、杜永怡、席酉民：《组织冲突研究回顾与展望》，《预测》2004 年第 3 期。

尝试建立了组织冲突的理论雏形。

20世纪80年代后期，中国港台地区学者开始了有关组织冲突的研究，到90年代以后，随着改革开放社会经济的发展，企业的大量出现，内地学者对组织冲突的研究也开始出现，并在实际研究中得出了一些本土化的结论。邱益中算是中国较早关注组织冲突并对其展开研究的专家，他所著的《企业组织冲突管理》于1998年出版，被认为是内地第一部研究组织冲突的专著。

回顾组织冲突研究发展的历史，无论是国内还是国外组织冲突研究，都经历了一个从无到有、从零散到局部再到整体，逐步系统化的过程。研究内容从具体问题的拓展到理论内涵的不断深入，方法上也由最初的定性研究发展到定量方法和实践研究相结合。目前，组织冲突研究的领域非常广泛，并逐步深化。研究涉及冲突概念、内涵、类型划分、冲突的成因、冲突对组织的影响以及冲突预防与管理等，按其性质可以划分为冲突理论的研究和冲突实践问题的研究。

（二）国内研究现状及述评

笔者以"组织冲突"为关键词在中国知网（CNKI）进行了检索，发现从20世纪90年代开始，中国关于组织冲突的研究一共400多篇，是组织研究的一个热点。特别是21世纪以来，相关研究占到了总数的92%。这与中国本阶段的经济发展水平和企业发展特点是紧密相关的。就研究的总体趋势分析，国内的组织冲突研究经历了一个从理论引入和学习到逐步落实至具体问题的研究阶段。

冲突是一种社会普遍现象，组织冲突则是限制在组织范围内的冲突问题。它自然是具有组织性质特点的问题。就研究的内容来看，主要是关于组织冲突的原因和组织冲突的管理的研究。冲突的原因是冲突管理的行为依据。

1. 组织冲突的原因

冲突分类的细化研究是学者们对于冲突主体内外、主体之间关系，以及冲突本身发生过程的明确与认识。这为组织冲突原因的研究分析提供了重要的理论依据。以此类推，冲突的原因本身也应该是一个立体的系统，有主体人和人群之间的关系矛盾，也有组织管理过程中发展的冲突。从实际的研究来看，国内目前就组织冲突原因的研究，基本是按照冲突产生的内因、外因以及综合分析几个角度来展开研究的。而对研究结果进行分析，组织冲突的原因基本集中于几个主要方面：人的个体差异、组织结构缺陷、沟通不畅、资源稀缺、利益分配不合理。王琦等的研究中均已对这些组织冲突原因给予了认同。①

陈英、叶茂林对组织冲突内在动因的研究是相对深入的，他们从经济交易成本理论、心理学和生物学的角度对冲突的内在动因进行了分析。② 涉及心理学的原因为组织冲突的研究拓宽了思路，也为心理研究提供了借鉴。

彭熠、和丕禅在对企业组织冲突的研究中，分析了冲突形成的动因，认为其具有复杂性，它包括单一和综合动因，也有主观和客观动因。③ 他们看到了冲突形成的企业组织内部关系协调原因，也发现了外部环境因素对于冲突产生所起到的重要作用。张涛、邱奇也认为，组织冲突的产生是多种因素共同作用的结果，单一因素对冲突产生的解释具有片面性和主观性，不能反映冲突原因的本质。④ 这些是对组织冲突相对完整的认识。彭熠、和丕禅认为组织管理实践冲突的一般动因包括个体差异、个体与组织价值观的差异、个体与群体组织文化差异（这与价值观的差异有内在联系）、沟通不畅、利益分配问题、组织结构缺陷、资源的稀缺、个人与组织的目标差异等。他们的冲突内因归纳基本囊括了现有研究的主要原因。彭熠、和丕禅的贡献是突出了个体与组织文化和价值观的差异因素。虽然刘新在组织原因的阐释中提到了"个人价值观"的差异因

---

① 王琦、杜永怡、席酉民：《组织冲突研究回顾与展望》，《预测》2004年第3期；刘新：《企业组织冲突内部成因分析》，《商场现代化》2009年第23期；《论组织冲突成因及管理对策分析》，《学理论》2012年第12期。
② 陈英、叶茂林：《组织冲突内在动因的全面阐述》，《商业时代》2013年第5期。
③ 彭熠、和丕禅：《我国企业组织冲突的动因分析及管理对策》，《中国软科学》2002年第9期。
④ 张涛、邱奇：《组织冲突前因及其影响效应研究现状评述》，《中国高新技术企业》2007年第14期。

素，但他没联系组织与个人的价值观进行思考。① 彭熠、和丕禅认识到了价值观的层次关系，但是并没有阐明其中原因的相互关联性。彭熠、和丕禅对组织冲突的外部因素联系性分析，突破了一般冲突原因研究的局限。大多数学者都是从内部的原因进行分析，而没有从组织与生成环境的联系来考虑外部因素。对此，他们认为应该从中国的现实国情出发，考虑具体环境中引发组织冲突的内外原因。其一，中国传统文化与现代社会的碰撞所引发的冲突。这是由本土文化差异引发的矛盾冲突的思考，体现出中国企业的冲突特点。其二，企业组织适应经济环境和体制变化所产生的矛盾冲突。从整体来看，内外因素是一个互动的体系，它们相互关系和作用的机制，需要深入研究。

目前的研究中，部分组织冲突原因的实证研究基本是从具体问题入手的某一方面研究，只包含部分因素的分析，得到的结论的普遍性和适用性容易被质疑。国内的研究趋向于只对企业员工、工作组或项目小组等特定范围的描述和评价研究，随着研究方法的发展，实证研究在逐步增加，但都较为分散，没有形成合力。向常春、龙立荣关于冲突的哲学辩证分析，是学界关于冲突研究少有的理论研究。② 他们以需求为冲突的根本原因分析了组织内部各层次冲突，并深入分析了冲突的矛盾运动本质。大部分研究都是从冲突的形式入手来分析，从哲学出发的冲突分析为研究提供了内在的引导。

对于文化差异所导致的冲突研究很少，就内容来看还停留在跨国企业中国内外文化差异导致的矛盾冲突。李发铨等关于文化差异对组织范围内冲突的影响研究，是仅有的从微观组织内部以文化差异视角对冲突过程进行的分析研究。③ 他们认为文化差异贯穿于组织冲突的整个过程，以跨文化视角分析了组织冲突的几个主要原因。他们看到了组织内部个体和团体层面的文化差异，却并没有讨论文化差异的本土原因。大的文

---

① 刘新：《企业组织冲突内部成因分析》，《商场现代化》2009年第23期。
② 向常春、龙立荣：《论组织冲突的哲学基础》，《自然辩证法研究》2009年第8期。
③ 李发铨等：《跨文化差异对组织冲突过程的影响研究》，《湖北社会科学》2014年第12期。

化共同体内部也存在区域间的差异，需要关注中观层面区域间，以及微观层面的企业或组织个体之间的文化差异问题。鉴于中国地域范围的广阔以及国家乡村构成的多元化，文化差异是一个普遍存在的特点。因此，中观层面和微观层面的组织文化差异研究需要进一步关注和深入。另外，成系统的实证研究和理论研究仍然是薄弱点，组织冲突研究依然没形成完整的理论体系。

2. 组织冲突的管理

对于冲突的管理研究源于个体间的人际关系冲突，很多人把冲突的管理视为一个过程，即分析冲突成因、管理策略的选择和干预、冲突效果判断和结果分析。1964 年，Robert R. Blake 和 Jane S. Mouton 提出了处理人际冲突二维分类模式。他们将横坐标定义为"关心人"，纵坐标定义为"关心生产"，从而设定并区分五种冲突管理策略：问题解决、平滑、强制、退却和均分。他们第一次把对冲突的研究从一维空间，即冲突竞争消极性和积极的合作性，转向了二维空间。这一模型的横纵坐标在组织内部关系的认知发展中不断变化，后来发展成为"合作性"与"关心自己"，再后来横坐标"合作性"改进为"关心他人"，现在被管理学界普遍认可并运用的是"合作的"与"自主的""二维方格模型"。这是基于组织内部人际关系的发展，但它并没有超越二维的模式，而组织关系和冲突实际上是一个立体的结构。

从国内研究来看，学者们对组织冲突的对策管理中也沿用了这一模型。目前的研究是基于组织冲突的成因提出对策，从性质可以将其划分为三个类型：一是对不同性质冲突的研究分析，即对破坏性冲突与建设性冲突的辨析及对组织的作用影响研究；二是以组织冲突的成因为依据的对策研究，即对组织结构缺陷、沟通障碍等方面提出的协调控制方法；三是以冲突发生的前后效应假设和分析为基础，提出的对于冲突的预防和效应研究。

对于组织冲突管理的大多数研究基本没有超越上述的认识范围，少数研究者提出了比较深入的认识，如马新建提出了冲突辩证关系的实际管理思路。他认为传统的冲突管理理念中，习惯把冲突管理等同于冲突的消除与解决,这是把"冲突是破坏性的"作为管理的前提假设,其中隐含冲突管理只是处理和善后,而缺乏对于冲突的预防管理认识。① 综合以上思考,他提出冲突管理的整体性思维,即冲突管理是环境因素作用下,由冲突的认知环境、诊断环节、处理环节、效果环节和反馈环节所构成的一个开放性的闭环系统。王晶晶和张浩对冲突管理策略的理论进行研究,通过对理论的发展和特点的梳理,发现了冲突管理理论的局限。② 这与组织研究发展的倾向性有关。因为组织冲突是组织内部关系的一种体现,而组织关系本身是一个复杂的体系,所以需要以多维度的视角来对组织冲突问题进行分析。

从研究情况来看,组织冲突管理的最终目的基本是通过理性分析组织内部冲突产生的内外原因,判断冲突的性质,选择相应的冲突管理策略;激发和利用建设性的组织冲突,转化和消除破坏性冲突带来的负面影响,即控制处理好正负效应组织冲突的功能与作用,从而实现组织的有效管理,实现组织的工作目标。在对相关文献回顾之后,可以发现有关组织冲突管理的研究,无论是"两分法"、冲突管理策略,还是对第三方介入协调的研究,主要着眼于冲突发生以后的干预和管理。实际上,管理的方式由对问题的认识决定,而对冲突原因认识的不足导致了管理行为模式的固化和局限。需要明确的是,冲突管理的前提是对组织冲突的性质和关系的全面深刻认识。如果具备危机管理意识,对于组织存在的或潜在的冲突都有了解和判断的话,冲突就可以实现动态化监测控制管理。

三 生态心理学研究综述

生态心理学是传统主流心理学研究在新的社会环境中所体现的局限的一种适应发展。它基于社会环境发展的客观需求,以及主观心理学研究的对象认知发展。其内涵丰富,涉及学科交叉,研究对象较复杂。由

---

① 马新建:《冲突管理:基本理念与思维方法的研究》,《大连理工大学学报》(社会科学版) 2002 年第 3 期。
② 王晶晶、张浩:《冲突管理策略理论述评》,《经济与社会发展》2007 年第 10 期。

于其学科内部研究的出发点、研究对象的划分和外延的定义差别，以及本身的人文性偏向，形成了不同的研究取向，生态心理学的整体研究显得分散，没有形成完整的体系，这使得其学科的发展在一定范围内受到影响。目前，生态心理学还没有成为一门成熟的学科，对生态心理学内涵和理论体系的构建都还处在不断发展的过程中。

（一）生态心理学国外研究概况

生态心理学研究源于国外，是从心理学角度对人类与生态环境之间关系的认知变化和思考。在此过程中，研究成果逐步丰富。他们基于吉布森（James J. Gibson）和巴克（Roger G. Barker）的生态心理学的理念内涵，将生态学的理论运用到不同的心理学研究领域。20 世纪 90 年代后，随着人们对全球性生态问题的广泛关注，又出现了以生态心理学为名的对生态危机的研究。这一时期的生态心理学呈现多元化的状态。生态心理学可分为两类，一类是生态学的生态心理学（ecological psychology），另一类则是生态危机的生态心理学（ecopsychology）。[1]

在国外学术界，卡芮尔（S. Kariel）、戈登（L. E. Gordon）、布鲁斯（V. Bruce）等很多学者，都在自己有关生态心理学的研究论著中将吉布森的生态知觉理论作为核心或者研究基础。里德（E. S. Reed）等以专著来专门对吉布森的生态知觉思想进行深入研究；赫夫特（H. Heft）将吉布森和巴克的思想放在一起做比较研究。[2] 此外，在生态学取向领域，专门针对奈瑟（U. Neisser）以及布朗芬布伦纳（Urie Bronfenbrenner）（生态学取向的另外两位著名的心理学家）的研究较少，国内学者谷禹等以时间为线索，对布朗芬布伦纳思想发展的起源与演进进行了系统梳理，着重分析生态心理学新理论中"人与环境"的关系。[3] 从总体上看，将生态心理学进行系统性和综合性的研究比较少见，对某一思想或理论的整体性研究正成

---

[1] 秦晓利、夏光：《生态心理学的元理论解析》，《长春工业大学学报》（社会科学版）2004 年第 1 期。

[2] 转引自秦晓利《面向生活世界的心理学探索——生态心理学的理论与实践》，博士学位论文，吉林大学，2003 年。

[3] 谷禹、王玲、秦金亮：《布朗芬布伦纳从襁褓走向成熟的人类发展观》，《心理学探新》2012 年第 2 期。

为趋势。除了以上的研究者及著作，还有众多以生态学取向的某个心理学家的具体思想为研究对象，或者以生态心理学原理的应用领域研究为主的论文文献。而把生态心理学作为一种总的研究趋势，进行综合性和系统性研究的专著较少。

（二）生态心理学国内研究评述

中国生态心理学研究起步晚于国外，早期理论构建主要以引进国外经典理论为基础。近年来，研究逐渐向本土化应用和跨学科融合拓展，但核心理论框架仍受国际学术界主导。朱智贤是中国较早关注并吸收生态心理学思想理论的学者，他主要研究发展心理学，并将生态心理学的思想与之相融合，为生态心理学在国内的发展指引方向。林崇德等沿承了朱智贤的观点，并进行了实际创新。他们提出，发展心理学的研究必须离开实验室，走向现实环境，结合实验室研究的特点，在其中揭示变量、现象之间的真实因果关系。这反映的是生态心理学对于心理研究的生态效度的追求。在认识心理学领域，邓铸把生态学范式看成认知心理学的一个研究取向，并预测在未来某个时期内，认知心理学中的信息加工研究范式将仍然以主流研究形式存在，但生态学范式会逐步占据重要地位。环境心理学领域，俞国良等将生态心理学视为环境研究中与认知心理学取向相对立的一种取向，并认为生态心理学是环境心理学的先导。[①] 他们在介绍环境心理学产生与发展的过程中，提到了生态心理学创始人吉布森和巴克的研究。

以上是中国学者在较早时期对生态心理学的引进与研究。笔者以"生态心理学"为关键词在中国知网上进行了文献检索，结果显示，2001—2016年，近16年的时间里，总共只有59个条目，以年为单位的研究成果没有超过10篇。以此情况分析，国内对生态心理学的研究并没有展现出它的理论内涵所蕴含的潜力，成为心理学研究的主要发展方向。

具体分析相关的研究可以看出，心理学界关于生态心理学的研究经历了一个研究取向的介入到主体理论深入研究，以及理论在具体领域的

---

① 俞国良、王青兰、杨治良：《环境心理学》，人民教育出版社2000年版。

实践应用的尝试过程。

1. 心理学研究领域对生态心理学理论的进一步梳理和理论建构

随着生态环境思潮在中国的进一步发展，关于生态心理学的研究也在以前基础上对其理论的发展进行逐步梳理。其中对生态心理学理论的探讨是中国研究的主体，所有的研究中关于理论探讨的研究占到了半数以上。秦晓利就对生态心理学的元理论进行了系统阐释。[①] 其以西方生态心理学研究的理论假设为基础，分析提炼出构建生态心理学的元理论，并以"自然—社会—人"关系体系为主线分析了生态心理学的理论构建，既有助于生态心理学自身的整合，对心理学的未来发展也有启示意义。秦晓利在其博士学位论文的研究中，通过对生态心理学的发展历史和形成背景的梳理（包括社会背景、科学发展和环境危机等方面），在综合前人研究的基础上明确了自己研究的生态心理学内涵和范畴，[②] 并基于相同的生态哲学理论提出了两种生态心理学的区别：一种是依据研究方法论来定义的，即借用生态学的理论与方法对心理学研究提供思想理论指导，属于理论型的生态心理学，即生态学生态心理学；另一种是以生态危机与人的关系问题作为主要研究来界定的，属于应用型的生态心理学，即生态危机的生态心理学。其以这两种生态心理学为线索，对生态心理学的生成背景做了较全面的分析，并从基本元理论层面对生态心理学理论进行整合与构建；在此基础上，对两种生态心理学的理论和实践研究进行了较详细的分析和论述。

易芳对生态心理学研究的贡献在于对学科概念和研究内容的整体把握与系统梳理，深入分析其内涵并总结了生态心理学的发展现状和特点。[③] 从 2003 年开始，她针对心理学界出现的与生态学有关的概念处在一个混乱的状态，提出必须将生态心理学所包含的概念理清界定，并有

---

① 秦晓利、夏光：《生态心理学的元理论解析》，《长春工业大学学报》（社会科学版）2004 年第 1 期。

② 秦晓利：《面向生活世界的心理学探索——生态心理学的理论与实践》，博士学位论文，吉林大学，2003 年。

③ 易芳：《与生态学有关的心理学概念辨析》，《赣南师范学院学报》2003 年第 5 期。

一个统一的标准。她在分析了原因的基础上，对与生态学有关的心理学概念进行了辨析，并明确定义了 Ecopsychology 为生态心理学，Ecological Psychology 为生态学心理学。接下来在 2004 年，易芳对成为研究取向的生态心理学的形成发展作了四个阶段的划分：萌芽阶段、确立阶段、发展阶段和繁荣阶段，并以时间发展作为主线分析了生态心理学发展的社会科学和思想理论发展的背景。这些都为其深入研究作了铺垫。易芳的博士学位论文，通过对国内生态心理学研究更为全面的整理分析，提出了生态心理学广义与狭义的区分界定，进一步明确了生态哲学是生态心理学的基础哲学。[①] 具体来看，易芳对生态心理学的分支领域研究成果作了综合性介绍，她的归纳总结是一种新的尝试。她通过把生态心理学与心理学其他取向的研究进行比较，分析了不同取向的特点并突出了生态心理学在研究新环境中的特点和优势。她整合并提炼了各个派别生态心理学家的思想，形成了生态心理学对心理学基本问题较统一的看法。这种理论建构是以生态心理学最重要的原则即交互作用原则为支撑的，是一种对生态心理学进行整合的新尝试，也试图构建生态心理学的完整理论形象。

2005 年，易芳在《生态心理学之界说》一文中分析了生态心理学的混沌发展状态，她认为生态心理学还没有形成统一的范式。通过对生态心理学概念及内涵的研究，进一步界定了广义和狭义的区别。易芳对生态心理学的研究是比较系统的，从概念的界定辨析到发展过程的背景梳理，然后再深入地对生态心理学的内涵和研究内容的主体进行研究，为国内生态心理学的研究构建了基本的框架。

此外，何文广等也分别对生态心理学的理论取向及意义做出了研究分析。[②] 周春美在其硕士学位论文中分析了生态心理学研究的现状，并对生态心理学方法论的缘起、内涵及发展进行了分析梳理，尝试厘清生态

[①] 易芳：《生态心理学的理论审视》，博士学位论文，南京师范大学，2004 年。
[②] 何文广、宋广文：《生态心理学的理论取向及其意义》，《南京师大学报》（社会科学版）2012 年第 4 期；李晓侠：《生态心理学的理论取向及其意义分析》，《开封教育学院学报》2015 年第 12 期；苗续：《解析生态心理学的理论取向及其意义》，《黑龙江科学》2015 年第 8 期。

心理学在心理学中的理论地位,进而探讨了其未来发展方向。① 生态心理学提倡心理学的生态化研究,但首先需要进一步整理与完善自身的理论体系,才能结合具体的研究方法运用到实际的生态心理研究中。马明明通过分析生态心理学理论对于解决生态危机问题的优势,认为由于生态心理学的内容过于广泛,在一定程度上阻碍了其实验研究,导致其研究进展的缓慢。② 他通过把生态心理学与相近学科(环境心理学、社会生态心理学以及现象心理学)进行了比较分析,探讨其自身优势,进而针对生态心理学新研究领域的研究优势做出分析,试图为生态心理学找到一个更为明确的研究方向。他的研究算是一种对于生态心理学发展构建的多途径尝试的思考。

从他们的研究中可以看出,国内学者对生态心理学理论取向及意义的研究一定程度上已经达成共识,并对其研究对象、方法论和研究的理论原则,以及学科存在的问题和不足都有了明晰的认识。虽然对生态心理学深层次的整体把握还有所欠缺,但也为后续的研究提供了方向和参考。

2. 生态心理学的理论构建与方法论研究

国内对于生态心理学的理论研究,以其本身内涵的研究取向居多,而深层次的关于其理论构建的研究不多见。方双虎以威廉·詹姆斯(William James)的哲学以及心理学思想为基础,分析了其对于生态心理学理论形成的影响构建过程。③ 其中,詹姆斯的机能心理学思想,对生态心理学讲求实际生活环境的研究原则及多元交互原则有启发意义。此外,詹姆斯反对以实验室为中心的心理学研究,主张面向生活世界;反对心理学研究中的元素主义和还原论,主张整体论的研究思想;反对心理学研究中的方法中心论,主张以问题为中心。这些思想为生态心理学研究方法论提供了有益借鉴。徐传来对同是受到西方现象学理论影响的现象心理学与生态心理学的理论、研究对象和指导思想的一致性做了分析,并

---

① 周春美:《生态心理学方法论研究》,硕士学位论文,湖南师范大学,2006年。
② 马明明:《试论生态心理学的发展态势及前瞻》,硕士学位论文,陕西师范大学,2015年。
③ 方双虎:《威廉·詹姆斯与生态心理学》,《心理研究》2011年第3期。

就二者的心理学背景、研究重心以及方法论的差别进行了比较。① 这进一步明确了生态心理学的理论核心和特点。

在研究方法上，葛鲁嘉基于生态心理学的研究对象的本源，结合中国"天人合一"的哲学思想对强调其自然情境的方法论进行了剖析。② 他认为，生态的视角是指从共生的方面来考察、认识和理解环境、生物、社会、生活、人类、心理、行为等。而在中国的文化传统中，"天人合一"的思想就是原初的生态学方法论，他提出了这应该成为中国本土心理学研究的重要方法论原则。易芳则在分析生态心理学方法论的具体内容的同时，阐释了该方法论从传统心理学的个体孤立研究模式向"个体—环境"互动整合模式的转向。③ 生态心理学的理论构建和方法论的探讨从研究的总体情况分析是很缺乏的，实际案例的支撑以及思想拓展的不足都是理论体系构建的难点，所以关于方法论的研究多见于内容内涵的分析研究，而缺乏实际操作的思考和实践总结；且关于理论的构建似乎受到了心理学思维的限制，未形成良好的跨学科拓展。

3. 生态心理学作为生态危机问题解决渠道以及本土化发展的心理研究

生态危机问题是生态心理学的一个主要研究内容，也是其实际应用的一种发展方向。它的研究目标更为明确、实在，直接针对人类行为与自然环境的影响，反思其各种原因，并寻求解决的途径。车文博介绍了可持续发展心理学研究的现状并倡导其研究。④ 他认为，可持续发展心理学的研究主要通过环境心理学与生态心理学来实现，这是基于对三者的内在联系的认知。刘婷、陈红兵对生态心理学研究进行了系统的梳理，

---

① 徐传来：《现象学心理学和生态心理学的比较研究》，《常州工学院学报》（社科版）2007 年第 6 期。
② 葛鲁嘉：《心理学研究的生态学方法论》，《社会科学研究》2009 年第 2 期。
③ 易芳、俞宏辉：《生态心理学——心理学研究模式的转向》，《心理学探新》2008 年第 1 期。
④ 车文博：《学习陈老开拓创新的精神，开展可持续发展心理学的研究》，《应用心理学》2001 年第 1 期。

分析概括了生态心理学的产生过程及主要研究内容。[①] 他们认为，生态心理学的人与环境关系的整体性思考，能够深化人类对生态问题的认识，并对心理健康问题有更为深刻的思考研究。谭千保以生态环境问题的根源为切入点，分析了人的心理深层原因是生态潜意识的抑制和生态自我的缺失。[②] 这是探究人的行为对生态环境产生影响的内在动因并展开系统性分析。生态潜意识的建构及其生态自我的实现水平，共同构成了形塑个体与生态环境、社会环境互动模式及行为发展轨迹的内在心理机制。他通过对人的行为与环境关系的梳理，发现了和谐关系维系的缺口以及原因，提出应该唤醒人们的生态潜意识并积极构建生态自我，这样才能把生态危机问题的解决落到具体的点上。谷金枝、陈彦垒认为，生态危机的生态心理学是随着生态环境问题的突出而慢慢突显出来的。[③] 它与生态学的生态心理学形成一个互补的关系。这是对生态心理学两个主要派别的一种时间阶段的解读。此外，他们还意识到中国传统哲学思想中顺应自然"天人合一"的人性观念与生态心理学思想理论的内在一致性，提出将其运用到生态心理学的研究中的建议。王玲玲、何敏运用生态心理学的生态危机观点，透视人与环境的关系，分析环境危机在个体心理层面的成因以及解决途径。[④] 提出了解决环境问题需要放弃人类中心主义的立场，以可持续的发展观为准则，而生态心理学对于人类对环境的认识、态度和行为的修正和指导，正是应对生态危机的关键。邵华、葛鲁嘉以生态心理学思想中的心理和环境和谐共生的理念为基础，辨析了人的心理与社会的和谐关系，并提出了在生态主义背景下，不能只单独的研究人的心理或社会和谐问题，更要注意它们之间的相互联系，心理的发展与和谐离不开社会和谐，社会和谐的建构要以心理和谐为基础，心

---

① 刘婷、陈红兵：《生态心理学研究述评》，《东北大学学报》（社会科学版）2002 年第 2 期。
② 谭千保：《生态环境问题的心理根源及出路》，《心理研究》2008 年第 1 期。
③ 谷金枝、陈彦垒：《生态心理学的新进展：生态危机的生态心理学》，《江西社会科学》2009 年第 9 期。
④ 王玲玲、何敏：《生态心理学语境下的人与环境》，《四川教育学院学报》2009 年第 8 期。

理和谐与社会和谐是相互促进、共同发展的。① 侯广彦研究整合中国先秦儒家"天人合一"生态思想（如"敬天以仁的天人一体""天人同诚的共生共荣"）与现代生态心理学中"心理—环境互动"的理论内核，基于环境与心理的动态交互视角，系统探究生态环境对人类心理健康的作用机制及影响维度。②

进行生态心理学的理论和思想本土化的研究是近年中国生态心理领域研究的一个主要发展趋势，学者们都在积极将生态心理学的核心思想与中国的实际发展问题相结合，探索适合中国文化的环境问题解决途径。其中对传统哲学中"天人合一"思想的一致认同是生态心理学本土化发展的最根本联系，这两种思想的融合将是生态心理学在中国进一步发展的基础。当前研究多聚焦于社会关系协调领域，未来需结合文化维度展开更系统的理论层面研究。

4. 从心理健康和精神分析角度阐述生态心理学的观点及实际应用研究

心理健康分析及应用研究是生态心理学实证研究的主要方面。肖二平、燕良轼通过将传统心理健康观与之比较，论述了生态学倾向的心理研究对探讨心理健康问题的价值和意义，并提出心理健康的本质是一种动态的平衡。③ 肖志翔总结了近年来国内生态心理学领域的重要研究成果，探讨了生态心理学思想对于心理治疗、心理健康标准因素的影响，由此反思了生态心理学理论本身的问题。④ 吴建平以生态观的思想为基础研究生态心理学，侧重于生态心理学在心理治疗领域的实际应用。⑤ 他认为生态心理学是关于心灵和家园的研究，基于"人—环境"关系体系的

---

① 邵华、葛鲁嘉：《生态主义背景下的和谐社会与和谐心理探讨》，《系统科学学报》2012年第3期。
② 侯广彦：《先秦儒家的生态心理思想探微》，《青海师范大学学报》（哲学社会科学版）2016年第1期。
③ 肖二平、燕良轼：《生态心理健康——心理健康研究的新视野》，《湖南师范大学教育科学学报》2002年第4期。
④ 肖志翔：《生态心理学思想反思》，《太原理工大学学报》（社会科学版）2004年第1期。
⑤ 吴建平：《生态心理学探讨》，《北京林业大学学报》（社会科学版）2009年第3期。

心理学研究，通过实际环境中的心理研究，在心理治疗的过程中完善生态心理学的理论和研究方法。他认为，治愈地球与医治人的心灵是同一个过程。

5. 以生态心理学为方法论基础的组织领域研究

许松芽从生态取向的角度研究教师成长过程，立足于教师文化，以期了解学校生态环境状况对教师成长的影响，通过比较新手—熟手—专家型教师成长的学校生态观的差异，为课程改革和教师培训提供科学理论和现实依据。[①] 该研究应该算是以生态观的理论视角进行组织文化对个体影响关系的研究。方芳从生态心理学的整体性与系统性思路出发，根据布朗芬布伦纳的生态微系统理论，构建了生态教育模式。[②] 从学生自身内环境系统、家庭环境系统和学校环境系统三个子系统来阐述与学生的学业成绩之间的关系。研究基于系统之间的关系，考虑了各个子系统的影响因素，也分析了各子系统的内在联系，以及其交互作用对学业成绩的影响。这是很少的以生态心理学思想对组织主体关系的研究，里面提出的生态微系统是组织与环境互动关系的一种理论映射，对组织研究与生态心理学的交叉发展具有双向促进作用。

四　综述总结

第一，目前中国对乡村村寨景区冲突的研究从主体和研究视角来分析，有以下几个特点和不足。一是研究主体概念的不明确。关于乡村村寨景区的概念和组织属性还没有被广泛认知，大部分研究者以村寨或者社区为研究起点，向外拓展开展关系研究。社区是社交组织的一种形态，也属于组织的范畴，但是大多数研究者并没有从组织管理的角度来研究其问题，导致组织的复杂化发展所包含的复合属性没有考虑其中，所以存在对象定位的差别和把握不足。由于乡村村寨景区化程度不同，所以对这一认知有差别，需要明确这一过程所产生的问题，并有针对性、预

[①] 许松芽：《新手—熟手—专家型教师成长的学校生态观研究》，硕士学位论文，福建师范大学，2004年。

[②] 方芳：《大学生学业成绩的生态心理学研究》，硕士学位论文，江西师范大学，2009年。

见性地给予认知和关注。二是研究主体内涵范围的差异。很多景区化的村寨，已经成为景区即复合组织，它在性质和形态上发生了改变，但很多研究依然以村寨原来的组织性质状态为研究的出发点进行，这就不能真实地反映研究主体发展阶段的特点和问题。视角的差异造成了研究分散性，使得现有的相关研究都是就某个领域深入，没有一个整体的理论框架。三是利益冲突的集中研究。利益问题是村寨旅游经济发展的普遍现象，也是冲突的直接原因，但不是根本原因。村寨景区的复合性与社会生态环境的整体性，共同决定了其内外关系的复杂性，而景区冲突也相应呈现出复杂性特征。对利益冲突的集中研究表明，对村寨景区的冲突问题缺乏更深层次的认知和系统性研究。以生态心理学的整体思想为理论基础，从组织社会生态系统关系视角切入的景区冲突系统性研究，目前基本处于学术空白状态。

第二，组织冲突研究虽然在组织理论和冲突研究的发展中得到促进与发展，但在研究深度和系统性方面仍存在不足。具体体现在以下几个方面。首先，由于组织冲突自身的复杂性和动态性特征，相关冲突理论的构建模型缺乏更多实证研究和案例分析的支撑，其合理性有待进一步验证。其次，由于以往组织冲突研究侧重分析存在于不同组织形式中组织冲突特点的共性方面，忽视组织复合形式中组织冲突所呈现出的系统性与差异性。最后，现有研究主要聚焦于组织主体的横向关系冲突，而对时空延展的纵向惯性研究仍显匮乏，对组织冲突产生的根本原因及其动态演变过程都没有有力的解释。对组织冲突的本质和系统性描述，还需要结合实际研究给出合理的理论阐释。

另外，组织冲突研究关于组织冲突理论的研究相对缺乏。冲突的定性与内涵研究在目前研究阶段并没有实际的发展，多是集中于产生的原因和冲突发生后的管理控制研究。通过研究综述可以看出，对新环境中组织内涵的变化的认识不够是导致冲突的内涵研究停滞的原因，对组织系统关系统一性的认知缺乏是导致组织冲突性质研究不足的原因。对组织文化关系的深层互动机制及组织冲突系统构建的研究，目前仍处于学术空白状态。现有研究对组织冲突动态发展的本质属性及整体演进规律缺乏系统性认知,这将显著制约组织冲突的有效管理。

第三,国内外对生态心理学的研究也还处于对其在心理学分支领域的应用进行研究的阶段。生态心理学自身的理论体系还在不断的发展构建过程中,都是基于元理论所包含的理论假设,从生态学和生态危机的生态心理学两个主要领域对整体的生态心理学理论进行系统构建。中国的生态心理理论研究还处于一个分散的状态,并没有形成合力。深层的理论研究与学科理论构建研究相比具体领域应用研究就显得薄弱很多。近几年,与中国传统哲学思想相结合的本土化研究有出现,也是一种理论发展的趋势,但与区域文化联结的深层理论构建的研究还没有。另外,由于环境实验研究的可控性、可操作性等因素的限制,实际的讲求生态效度的具体案例研究的结果还比较缺乏。在具体领域研究中,理论构建与发展的研究虽至关重要,但目前仍显不足。

第三节 研究意义

一 研究目的

组织作为一种基本的社会环境构成单位,是社会关系形成的联结主体,它作为不同群体互动实践的载体,积淀了文化内涵,并随社会环境的变迁而持续演进。它构建形成了整体的社会文化,对于组织的研究可以使我们更加明晰人群的行为原因和意义。组织冲突一直在组织理论中扮演着一个尴尬的角色,直到格奥尔格·齐美尔(Georg Simmel)开始发现了组织冲突的正向功能,关于组织冲突的辩证理论才逐步构建发展。这一理论一直影响学界对于组织冲突的研究至今。与此同时,对于组织冲突的研究也还处于针对具体问题而应对管理的行为探索阶段,这一现象归因于组织研究普遍以企业所处宏观环境为研究前提的影响。在现阶段社会经济环境一体化、复杂化的过程中已经显现出其局限性,它不能反映复杂社会环境中组织与组织冲突的复杂性,也对于管理复合型组织的矛盾问题表现出乏力。需要在明确组织与社会环境整体关系的认知基础上，分析阶段性组织发展特点，并运用能适宜地引导组织研究发展的思想理论，来实际地推动组织问题研究的发展。

本书就是基于组织冲突研究的现状和问题，试图通过对组织冲突的本质属性的探索而构建组织冲突的理论框架，并进一步进行理论体系的探究，具体目的如下。

（1）明确复杂社会环境中组织复杂化的趋势、属性和特点。通过剖析现阶段组织与环境的整体关联性，在分析组织内部系统主体关系及结构特征的基础上，结合组织内外整体环境互动关系，深入探究冲突问题的本质，并构建组织冲突的体系化概念框架。

（2）以"人与环境"的整体性认识为前提，基于生态心理学的哲学思想与理论，为组织研究构建适用于新环境中复合组织的研究理论和框架。进而探究组织冲突与社会环境的内在联系，以及组织冲突对于组织功能实现的作用和机制。通过研究组织文化差异基础上组织结构、层级关系等对于社会环境变化以及管理模式的适应性差异，以及内外原因，构建组织冲突的体系并研究其作用机制，以冲突的管理和转化来实现组织整体发展。

（3）基于生态心理学的理论原理，探寻组织冲突体系的构建基础。针对实际情况下组织冲突产生的内外原因，根据组织不同的主体关系特点，运用多元的研究方法，探索现实环境中组织冲突有效的控制模式。以突破传统组织心理学研究的局限，在方法上认可实验室研究的共存，并与其形成有效互补，尽量保证研究的生态效度，以提升组织冲突研究思维视野与层次，并通过实际社会生态系统关系的实践研究促进生态心理学以及组织研究的理论构建。

二 研究意义

（一）理论意义

冲突是人类社会中各个构成部分之间关系的一种常态，是矛盾的一种激化阶段，也是一种心理状态的表达。人类对冲突的认知，是伴随对自我和社会以及环境关系的认知过程发展的。最初认为冲突是可怕的猛兽，将一切冲突都视为不利的、阻碍发展的因素；后来逐渐认识到，冲突与组织的功能和协调发展之间存在辩证关系。有些冲突是个体、组织单元内在发展的一种需要，一定范围内的良性冲突是可以保持组织的活性和阶段发展的。对于冲突的认知是预防破坏性冲突以及对冲突控制的基础前提。前人关于组织冲突的研究以社会学和管理学为起点展开，这些研究承袭了母学科的基本理论观念与方法论——整体性与系统论，即需要将组织视为一个相互协调的整体开放系统。因为管理的本质就是通过对资源的有效配置达到组织系统内的各个部分协调、有效的运作。这是基于工业经济社会背景下的管理本质与组织功能，其核心在于效率，而这一阶段所讨论的整体性也只是就组织个体的整体性而言，所研究的范畴也是组织与经济社会环境之间的关系，没有将组织看作更大环境中不同文化的产物。在后工业时代，对人与人性、人与人群、人群与环境关系的研究成为主题，这是因为工业时期形成的对人与环境关系的认知及相应行为，已引发影响人类发展的严重问题。人开始反思，开始重新思考人发展的意义，思考"人与自然"的真正关系。事实证明，孤立的认知方式决定发展的局限，这是由主流社会的价值观导向所决定的，在只追求效率和物质发展的阶段，我们只看到科技对自然改造的结果和惊人表现而顶礼膜拜，却没有看到科技只是联结人类社会与自然的一种方式和手段的本质。自然世界作为资源的基础，也作为整个人类社会发展的基础，并没有得到应有的重视和正确意义上的认知。认知方式取决于人们所处的发展阶段和文化背景。因此，面对当前影响人类社会发展的各类问题，需要我们从更高的统一维度审视社会的联系性与整体性、系统性与有机性。这是基于"人与自然"统一关系的整体性认知，体现为一种生态性，即"深层生态学"对自然界各元素间联系及整体性关系的认知与思考。基于这样的发展趋势，不少学科的研究开始受到绿色"生态思潮"的影响，纷纷以生态哲学的思想作为研究的基础对不同领域的内容展开研究。心理学作为研究人类心理和行为基本规律的学科，基础思想也应顺应社会的发展，基于更高的层面去理解人与自然环境的关系，构建一个统一的指导性的理论体系，生态心理学为此提供了很好的理论框架。随着社会发展及人与环境关系的复杂化，研究主体也随之发生变化，其范围不断扩大、性质趋于多元化，需要从新的层面理解和把握组织的整体性。从研究的方法论上也更加需要改变传统心理学把人作为孤立主体与环境分开来进行的实验室研究的方法，从真实环境中研究一个处于相互联系的、有机和协调的整体系统中的人的心理和行为。人的心理本身就是一个有机的环境系统，与其生长生活的环境是一体的。"心灵世界是一个生态系统，而且人的心灵世界又存活于更大的生态系统之中。探究'生态地'存在的系统，不能不抱有整体的、相对的、互动的、多元的和层次性的视角。"[①] 进一步来看，人类群体、组织也是这个整体中的一种存在方式，属于生态系统的子系统。因此，需要以生态整体性视角观察和分析组织的形成与特点，研究组织文化构成与社会及自然环境之间的关系。这样才能从整体和内在把握组织的本质与发展方向。冲突是组织与环境互动过程中主体关系的状态表现，这种表现从内层心理到外层行为具有不同的方式。从系统整体出发，通过由外到内的研究过程，能够全面把握组织的发展进程及其阶段性特征。将组织视为社会有机体，从其发展状态及与各类关联因素的关系入手，可分析组织与所处社会生态系统之间的联系、状态及变化，进而实现对组织及其冲突的系统性研究。

(二) 现实意义

第一，组织作为一种人与环境实践活动的形态，其发展和变化与人自身的发展（包括心理认知与行为）是对应统一的，其本质反映出人与环境的关系状态。对于社会关系的发展环境中的组织系统以及冲突的研究，是基于现实的环境关系中的组织形态和行为的系统分析。通过实际社会环境中复合组织的案例研究，明确组织系统在与环境相互作用适应的过程中，其范围变化、拓展过程对于组织性质及主体关系的影响与作用机制。在确保生态效度的前提下，运用生态心理学的思想和方法对组织展开具体研究具有重要意义，这在一定程度上能够克服传统以实验为

[①] 訾非：《走向生态主义的心理学》，《北京林业大学学报》（社会科学版）2014年第2期。

主的组织心理行为研究的局部性、割裂性局限。

第二，对实际案例地 A 村寨苗寨景区组织冲突体系进行了系统性研究：对于冲突的类型、关系特点，产生的内外原因进行深入分析，进一步提出了相应的生态化管理与冲突转化建议。这对于促进乡村村寨景区的可持续发展具有积极的现实意义。由于 A 村寨苗寨景区具有乡村地区旅游发展的典型性、普遍性，该景区的实地调查研究结果便具有普适性，而管理的对策措施也具有探索性与前瞻性。对于乡村村寨景区组织冲突的系统性研究，可以在提升组织管理效率的过程中，促进乡村文化传承与社会和谐，实现可持续发展。

第四节 研究基础与典型性

一 研究基础

笔者在 2001—2008 年一直从事旅游专题记者工作，多年来致力于云南旅游发展及少数民族乡村地区文化和旅游的专题报道与研究，深入云南数十个县乡和村寨开展田野调查，积累了丰富的专业知识和实践经验。在多个省级刊物上发表过数十篇相关的专题文章，得到社会各界的认可。

笔者硕士研究生期间学习的是民俗专业，掌握了关于乡村文化的体系化的专业知识。博士研究生学习期间，笔者跟随导师致力于旅游景区的影响与管理研究，先后参与了系列相关课题，对乡村村寨的发展以及心理影响等问题有较深刻的认识。同时，本研究与在研课题存在直接关联：以具有代表性的苗族村寨为研究案例，深入分析苗族传统生态文化体系，探讨乡村文化与村寨景观和谐一体所呈现的生态文明景观可持续发展路径。在此项目基础上，本书进一步聚焦乡村村寨景区组织冲突的具体演变过程与系统性关联，进而探索其管理的生态化与可持续发展模式，尝试以生态思维与理论研究复合组织冲突的系统构成及冲突管理策略。

笔者参加由导师主持的科研项目"创建苗族生态文明旅游产业化示

范区研究"（2013年10月—2014年11月），于2014年4月12—20日、5月23—27日、8月3—10日几次对贵州A村寨，以及相关管理部门展开了深入的调研和访谈，现已完成课题研究。为了补充数据，笔者于2017年1月12—20日再到A村寨苗寨景区进行深入调查访谈，为书稿写作打下了良好的基础。

二 典型性分析

A村寨景区的典型性在于以下几个方面。一是旅游发展对乡村社会环境改变的典型性，2008年旅游发展大会以后，A村寨旅游迅猛发展至今已经成为当地旅游经济的龙头。旅游经济经历了快速发展，对村寨内外环境呈现深度和广度上的影响。二是其组织复合形态形成的典型性。三是其具有完整的复合组织冲突体系的代表性。

乡村社会环境改变的典型性的依据是，A村寨苗族传统文化中所反映出的人与自然环境关系的协调和沉淀，即生态智慧，这是一般乡村与自然环境所共有的；而A村寨凭借其丰厚的物质积累——苗族聚居的苗寨及其生态景观系统，成为改变村寨发展命运的资源基础，在全国具有典型性。此外，由于其原有社会组织结构具有规模性特征，为景区构建过程奠定了复合化物质基础。该结构的完整性、规模及层次性均堪称典型性代表，以此为根基的文化互动与组织内部冲突，自然形成了较为完整的关系联结模式，较好地体现了组织生态的完整性，从而为本研究提供了理想的研究对象。

第五节 研究方案

一 基本研究思路

本研究以生态心理学"人—环境"关系的整体性生态哲学观点为出发点，即人与环境是一个统一的整体，相互联系、彼此影响，发展变化都具有不同程度的对应。组织作为一种人的关系形态，与其存在的自然与社会环境相互作用形成一个社会生态系统。它们具有内在的统一性，一起经历复杂化的过程。组织冲突作为组织主体关系状态的一种表现，也体现出复合化：组织主体在与环境交互的过程中产生了不同层次、类型的冲突，它构成一个相互联系作用的系统，反映组织内部和外部的关系状态。这是冲突的物质系统。另外，人群和组织在与实际生存的自然社会环境互动实践作用中，不断积累并形成一套特有的心理模式，即组织（群体）心理，它对于组织的行为具有内在的影响作用。组织心理是组织系统的内层，也包含着层次化的冲突系统。组织的内外系统共同构成了组织系统整体。运用生态心理学的整体思想理论对复合组织系统关系变化进行发展性研究，构建出复合组织冲突分析框架。以此为基础，对组织主体间关系以及社会生态系统变化差异所产生的矛盾冲突做出系统分析。通过深入组织冲突与组织文化、组织功能实现的关系与作用意义研究，进行复合冲突的系统构建，进一步把握其作用机制和规律。从整体性、关联性上把握组织冲突的本质，为组织系统化研究提供一种新视角，也将促进组织管理的有效性（见图1-1）。

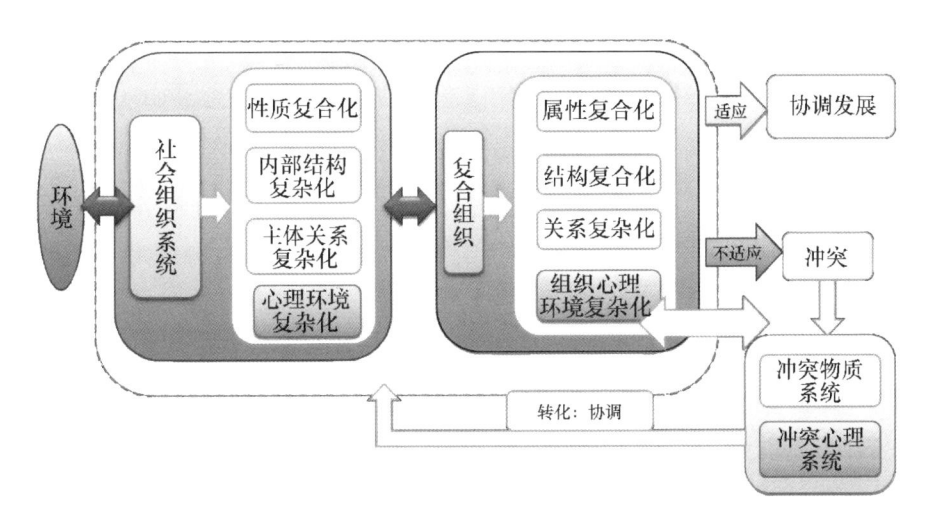

图1-1 基本思路

具体思路如下。从具有代表性的复合组织——乡村村寨景区(乡村村寨景区具有组织属性复合与社会生态环境复合的典型性）入手，以组织系统在新环境中的形态、内涵、属性变化事实为依据，以生态心理学元理论为基础构建的复合组织冲突分析框架对新环境中的复合组织系统进行分析。通过对组织属性、结构、层次关系、组织文化以及组织功能实现机制的分析，进一步探讨组织主体在新社会生态系统中的适应性冲突关系层次表现和体系构建，即复合组织的冲突系统性。组织主体因自身差异对社会经济环境适应的程度存在相应差异，这种差异表现为组织冲突的差异性，并推动组织分化过程的形成。组织主体关系与社会生态系统关系具有内在统一性，其整合过程是通过"冲突—协调"的反复循环逐步实现的。在研究组织冲突体系构成及作用机制的基础上，可进一步分析组织各层次主体间的关系特点与冲突转化协调模式，构建系统有效的生态化管理体系，并通过实践验证其有效性。

二　主要研究方法

本书以生态学心理学的核心理论为研究切入点，以生态哲学思想为基础，选取实际旅游发展环境中的村寨景区作为案例点，在运用生态心理元理论构建组织冲突体系框架的基础上，对案例点的组织冲突展开从整体到层次的具体分析。研究的一大特点是基于跨文化背景的多学科交叉研究，涉及生态心理学、组织心理学、管理学、社会学、心理学等多学科交叉的研究。并针对不同的问题以不同的适应方法进行分析探讨，体现研究方法的多元化。总体上采用理论与实证相结合的研究方法，涉及的具体研究方法如下。

（一）文献研究与演绎归纳法

在核心概念阐释和基础理论分析阶段，通过广泛收集并阅读国内外与生态心理学、生态哲学、组织行为学、心理学、组织冲突理论，以及乡村村寨景区管理相关的文献资料，进行分析、归纳与研究。以现有文献研究为基础，结合对案例地考察问题的思考，明确本研究思路，构建组织冲突研究的理论框架，并对新环境下景区组织与组织冲突理论的发展、冲突体系进行系统性研究。另外，在具体的案例分析中，笔者通过田野调查广泛收集了与地方政府管理层、旅游公司、村委会以及村民有关的各种资料，包括书籍、文件、报表、日志和笔记等，并进行了针对组织冲突具体内容的问卷调查，以得到真实的数据。研究的国内文献主要来源于 www.cnki.net 和 www.wanfangdata.com.cn 等学术数据库。

(二) 交叉学科的多元化研究方法

选取典型村寨景区作为研究案例，对案例点的组织冲突进行分层分类，并针对具体问题，运用实地调研的参与观察法，通过亲身融入当地村民生活，开展交流访谈，参与讨论会议、村民集体会议等方式，收集一手资料，以此了解组织主体的实际关系状态与情感表达方式。本研究采用多元研究方法：针对需要统计分析的问题，运用随机式问卷调查收集数据；针对与研究主题紧密相关的问题，通过对关键人物开展深度访谈进行深入剖析；同时，运用"过程—事件"分析法捕捉冲突动态特征。在此基础上，对所获资料及具体环境事件展开横纵结合的立体分析，以全面掌握案例点 A 村寨苗寨景区组织内各主体的现状与关系模式。

(三) 讲求生态效度的环境分析法

实际景区环境中的组织主体关系与心理行为的分类研究是本书的一个主要分析方法。研究中通过对案例点时间与空间的纵横立体变化分析，即主体存在社会生态系统关系的内外延伸和时间变化分析，以及空间的横向差异分析，构建景区组织的立体关系以及组织冲突体系模型。

(四) 数理及计量分析方法

在案例研究中，用 Excel 和 Spss 软件分析调查问卷和访谈的基础数据，分析组织主体在应对旅游环境变化过程中的适应情况与矛盾冲突关系的变化情况，对相关数据进行分析。分析参与旅游的村寨社区村民群体在景区发展过程中的环境和心理变化差异。

三 技术路线

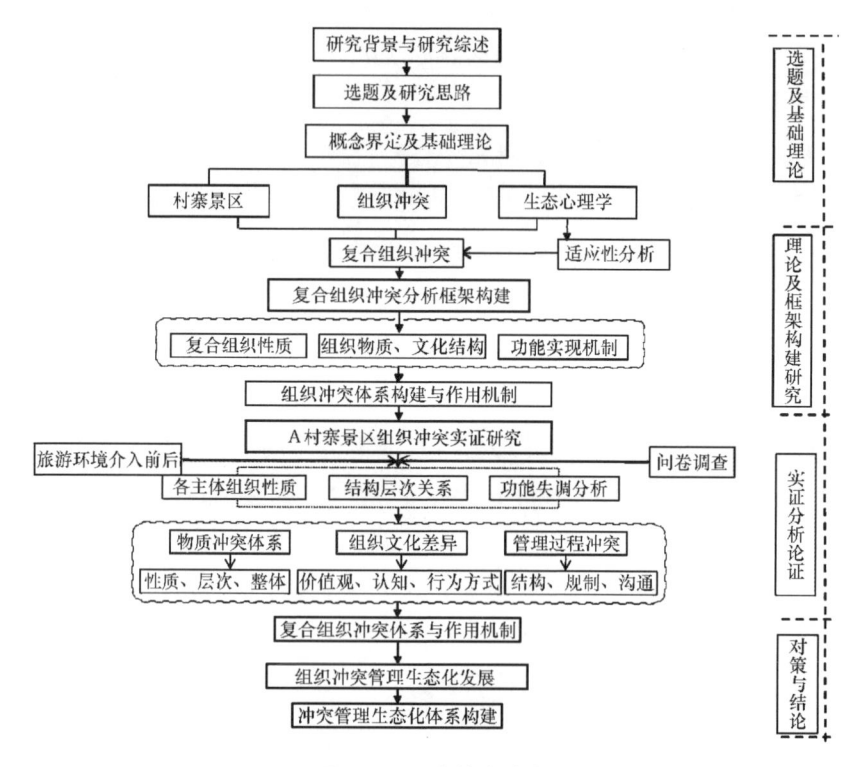

```
研究背景与研究综述
        ↓
   选题及研究思路                                    选题及基础理论
        ↓
   概念界定及基础理论
    ↓      ↓      ↓
村寨景区  组织冲突  生态心理学
        ↓
   复合组织冲突 ← 适应性分析                        理论及框架构建研究
        ↓
   复合组织冲突分析框架构建
   ┌──────┬──────────┬──────────┐
   复合组织性质│组织物质、文化结构│功能实现机制
        ↓
   组织冲突体系构建与作用机制
        ↓
   A村寨景区组织冲突实证研究
旅游环境介入前后 ←        → 问卷调查               实证分析论证
   各主体组织性质 结构层次关系 功能失调分析
   ┌──────┬──────────┬──────────┐
   物质冲突体系│组织文化差异│管理过程冲突
   性质、层次、整体│价值观、认知、行为方式│结构、规制、沟通
        ↓
   复合组织冲突体系与作用机制
        ↓
   组织冲突管理生态化发展                          对策与结论
        ↓
   冲突管理生态化体系构建
```

图 1-2 研究技术路线

第二章　核心概念研究及理论应用分析

本章对核心概念、理论进行梳理和分析。首先是对村寨景区（本书需要明确的一种复合组织形态及其冲突）概念的界定，并对内涵和特点做出分析，明确研究的主体和问题。冲突的概念是研究重点，通过对冲突理论从普遍范畴到具体范畴的认知深入过程，分析明确了本书中组织冲突内涵的发展脉络。生态心理学思想及元理论核心框架的引入，为研究主体（复合组织及其冲突）与环境的关系统一提供了理论支撑。通过梳理生态心理学的发展脉络，明确其在环境与人关系认知方面的层次和特点，进而分析该理论对本研究的适用性。

第一节　村寨景区冲突

一　村寨景区的定义

村寨景区是以乡村传统文化与自然生态环境融合统一的整体形态——村寨为资源主体而开发的旅游景区。这是一种自然与人文资源相融合的旅游资源类型，自然人文结合的地域特征较为明显，而且资源内部各个组成部分融为一体，相互之间的依赖性较强。以生态学的视角来看它就是一个自然区域内的社会生态系统。胡北明、雷蓉认为，民族村寨型遗产旅游地是以特色民居作为核心资源依托，以当地的生态环境和传统文化作为吸引物来发展旅游的旅游目的地。① 这是笔者检索了很多文献之后发现的和本研究主体定义较为相近的解释。村寨作为民族学、人类学、社会学等学科研究的主体,其研究由来已久而且内容较为丰富和深入。旅游领域的相关研究伴随中国乡村旅游的快速发展,乡村村寨作为一种特色旅游资源被开发而得到迅速发展。从经济的角度看,旅游作为一种乡村地区增收的途径而被普遍接受。在此过程中,乡村村寨作为旅游资源的主体出现了不同程度的景区化现象,景区化过程产生的问题相对集中,成为研究的热点。从现有研究来看,许多学者将村寨视为一个社区,在社区主体、管理组织及相关主体相互独立的前提下,开展关系问题研究。当然,由于景区化程度的差异,各个景区相关利益主体之间的关系性质和依赖程度都有所不同,但景区化的发展已成为一个深入的乡村地区旅游发展的实践过程。越来越多乡村村寨景区的出现需要以一个新的认知层次去研究分析,不同于以往的社会环境和关系——村寨景区是一个以村寨生态整体为资源核心,由村寨自然与社会系统共同构建的旅游目的地生态系统。社会系统中包括村寨与管理者共同组成的(包括群体、正式组织、社交组织和非正式组织)复合组织。这一系统由人的内部社会组织系统以及"人与自然"的生态系统构成,内部包含同层次群体、不同层次的组织群体关系。它们彼此相互联系、相互作用,相互协调发展,是一个有机的统一整体。这是本书的基本研究对象和理论假设。

二 村寨景区的内涵

(一)从村寨到村寨景区的内涵变化

从村寨到村寨景区的变化,本质的变化是其社会生态系统关系的变化。从原来的农业社会系统向"农业+旅游经济"复合型社会生态系统转变的过程。经济的增长是最明显、最直接的变化。在此过程中社

---

① 胡北明、雷蓉:《社区自治型遗产旅游地公地悲剧及其治理——以民族村寨型景区为例》,《西南民族大学学报》(人文社会科学版) 2014 年第 2 期。

会组织形态变化，村寨居民的生活方式变化，村寨中的很多物质形态变化，再到深层的相互关系、认知和意识也逐步变化。从表至里的各层次变化，构成的变化体系都是旅游经济环境与村寨主体关系作用的表现形式。

村寨景区的形成过程，是旅游经济环境介入原生村寨环境的过程。由于旅游产业属性的综合性，两个环境系统连接互动的过程中产生复合性的变化，呈现关系的复合性。旅游发展以后，大多数乡村村寨的外部自然环境都有相应的改变，比如景区发展所需要的基础设施、接待设施等。内部的社会组织也发生了一定程度的变化，主要体现为管理层组织主体的多元化，社会组织关系和功能的变化，然后再是具体的村民的身份、生活、邻里关系等的变化。村寨内的组织结构和关系逐步复合化，在行政村的基础上又叠加了旅游企业的经济性质，成为经济实体的一个部分，使景区组织的形态呈现复合化，功能和目标都随之复杂化。村寨景区的复合性决定了管理层应具有新的管理方式，不能以传统的村寨或者企业管理模式一概而论。它既不同于一般的风景区管理，也区别于单纯的乡村村寨自治行政管理。从村寨内部组织属性分析，村寨一般集中于自然地理特点突出的地区，因为历史和地理的因素影响，村寨社会依然处在以家庭为基本单位的特定乡村传统文化思想环境中，内部组织依然保留宗族社会组织管理的文化和惯性。组织成员的同质性高，整体水平有限，组织化程度不高，自治能力有限。在旅游经济发展所促成的村寨景区化的环境中，各个组织主体的功能都有相应的变化，对管理协调提出新的需求。

组织形式的变化是基于性质的变化。绝大部分的乡村村寨景区是村寨生活、生产空间上叠加了游憩功能之后生成的景区复合空间。保继刚、左冰认为，村寨型景区的特点在于旅游开发的对象即旅游吸引物是当地社区的生活生产空间，即旅游空间与社区生活生产空间是一个统一体。[①] 区域功能上，从之前纯粹以生产生活为主的村寨变成了

---

① 保继刚、左冰：《为旅游吸引物权立法》，《旅游学刊》2012年第7期。

"以旅游为主的+生活生产"的村寨景区;身份角色上,村寨居民又增加了一个"旅游从业者"的角色,而且逐步成为主要角色。这是一个由外向内推进变化的过程,在这一变化过程中,原有的村寨内部的自治组织——村委会、村民委员、村民小组、村民群体之间的物质关系和心理环境在社会环境变化的过程中,面对经济利益变化的冲击有不同的变化和表现,这也是组织群体心理的变化反应;村寨组织的思维方式,传统文化价值观也在这个过程中产生变化,村寨传统的社会生态系统平衡被打破。另外,村寨外部,政府以及相关管理组织的逐步介入,对村寨景区权利管理的交叉与叠加让其组织关系更为复杂。在此背景下,村寨景区的组织关系呈现多层次化特征,各组织主体间的关系较为复杂,整体处于混沌的变革时期,即具有新景区性质的社会生态系统正处于形成过程中。

(二)村寨景区内群体与组织的关系辨析

1. 组织与群体的关系辨析

群体与组织是本研究的关系主体。王垒认为,组织(Organization)是指两个或两个以上的个体以一定方式有意识地联系在一起,为达到共同的目标而按照一定规则从事活动的群体或社会单位。[①] 从此定义中可以看出,个人、群体、组织是三个密不可分的整体。就群体与组织的关系而言,以研究主体的空间范围的不同而有差异。从企业的角度,大多数学者把群体视为组织的内生团体,是介于个人与组织之间的一种团体状态。"群体不是个体的简单集合,它是通过人们彼此之间的相互影响、相互作用而形成的一种组织形态。确切地说,群体是组织与个人的联系形式。"[②] 蒋云根认为,如果将组织比喻为一个完整的人体的话,那么群体就是构成人体的各类系统和各种器官,而个人则为最基本的细胞。[③] 还有人认为,群体概念的关键取决于它的所有成员彼此之间必须以一种可观察到的和有意义的方式相联系。

---

① 王垒编著:《组织管理心理学》,北京大学出版社1993年版,第1页。
② 马建敏:《旅游心理学》,中国商业出版社2003年版,第227页。
③ 蒋云根编著:《组织行为的心理分析》(第三版),东华大学出版社2013年版,第83页。

从上述定义来看，群体从目标、规制和结构上都体现出一种非正式性，这是在外部形态上与组织的区别。从本质上说，组织突出的是任务或目标的协调联系方式，而群体倾向于心理的联系方式——情感需要。从功能角度分析，组织是为完成特定任务而建立的正式社会结构，具有明确的目标、层级体系和规章制度；群体则是基于成员的心理需求（如情感交流、归属感、认同感等）自然形成的社会集合体，其成员间的关系更具情感性和非正式性。如果从整个研究范围来看，群体的内涵所涵盖的范围比组织要广泛，其性质偏于社会性，而组织与经济和政治的联结更紧密。群体更强调的是人的普遍意义上的联系形式，这种性质的人的联系更具有变化性，但缺乏稳定性。如果从人的群体的发展形态过程来看，组织与群体的关系本质应是互动发展的动态过程。在广泛和具体的实体组织中，群体与组织应该是人的集合体的不同发展阶段，群体由目标规制等的逐步明确发展成为组织，而正式组织里可以产生新的不同群体，这都是人群与环境互动、适应需求的阶段性体现。

之前关于组织的定义和研究是基于工业文明时期的形成环境与特点，在后工业时代，人们开始关注工业发展给自然环境带来的影响，反思人与自然的本质关系。作为一种人群集合形态，组织研究的理论基础与现实环境均已发生改变。组织与群体的关系是动态发展的多层次系统，我们需要从新的生态社会的环境关系中来定义组织与群体的关系，并以此为基础展开研究。

2. 村寨景区的群体与组织关系

从群体与组织的辨析中可以得知，虽然两者有区别但其本质都是人的集体的一种形态。组织与群体满足了人在不同情境下的需求：组织偏向正式性，是外部环境压力的体现；而群体（确切地说是非正式群体）则反映了人的情感与心理需求，是内源式需求的发展构成。就乡村村寨景区的组织构成与内涵特点来看，复合形式的结构中主要构成关系是群体和组织。

组织，即社会学家所称的正式组织，都有别于另外两种组织类型——社交组织和非正式组织。社交组织是自发地或潜在地源于人们相互作用的协调模式，它不包含为实现明确的共同目标而进行的理性协调。① 家庭就是一种社交组织。非正式组织是在正式组织成员之间产生的另一类关系协调模式。其中的非正式组织即包含群体的一部分内涵。两者的区别在于，非正式组织是组织范围内的群体，而群体可能不属于组织。埃德加·沙因认为，心理学意义上的群体是一定数量的人群，互动交往并能从心理上察觉到彼此，同时意识到他们是一个群体。在本书所涉及的乡村村寨景区范围内，主要存在的组织是正式组织（管理层，包含县政府设置的景区管理局与行政管理的村委会）、社交组织（家庭）和非正式群体的复合组织系统，而主要的关系是组织与非正式群体的环境联系和群体之间的层级关系。

这里要说的是乡村村寨景区的人群构成关系，不是纯粹的企业或者完全的社会环境，它是基于社会关系环境之上的企业管理方式。其中以社交组织——家庭，以及宗亲血缘关系构成为主的非正式群体及关系是景区内的主要人际关系，呈现传统乡村文化特点，以及很强的情感关系。这不是一般企业中的非正式群体所包含的内容，它所体现的心理特征和情感联系更加稳定，而且群体对个体的影响也显得更加明显。组织关系并非村民生活的主体关系，它是景区环境形成过程中，随着其他管理组织关系的构建和管理行为的实施，才逐渐发展深入其日常生活的。因此，需要明确景区内群体的特点，这类群体性质相对单一，实际构成却是一个体系：个人、家庭以及宗族的联系构成一个关系网，体现很强的心理、情感需求。它是乡村存续的一种形式，这种群体力量也称为"乡村意识"，在某些情况下能变得很强大，可以影响甚至破坏组织的目标。我们有必要对景区体系内的群体与组织关系加以辨析，这样才有可能建立起它们良性互动的关系。

（三）村寨景区的组织关系特点

乡村村寨景区是一种旅游经济发展的新型复合组织形态，乡村村寨

---

① ［美］埃德加·沙因：《沙因组织心理学》，马红宇、王斌译，中国人民大学出版社2009年版，第15页。

组织与一般企业的主要区别在于，其组织内涵是以集合生态环境和社会环境为基础的复合系统。具体而言，景区内的组织属性、组织主体关系与社会生态系统的变化具有一致性对应关系。景区内的群体和组织存在文化背景差异而且处于不同发展水平，存在组织文化价值观的前后延续性和转变问题。村民群体与管理层都存在文化的"前基础"与互动中的反应表现，这是区别于新组建型组织的最根本点。这一类型的景区势必经历一个由旅游经济引发的环境变化，并产生组织系统的新分化到再次发展整合协调的过程。

景区体系内的组织关系分为以下几个层次并体现不同的特点。

第一层：管理层组织与村民群体的关系。

以正式组织结构为主要形式的表现。景区管理层以传统的行政与企业组织文化为基础对景区内的村民主体以及资源进行管理。严密的组织结构和规范，职能层级明确，权利划分以自身为主。这里要特别强调的是，景区的管理层也包含一个关系体，即代表上级政府利益的景区管理局（包括直属的旅游公司）以及景区内部行政村性质的村委会。这些都是完整的规范组织，它们之间的关系是有层级功能区别的，进而构成了一个管理层的组织微系统。其中每一个层级的管理组织都有其自身的位置和功能，只有它们都发挥了基本的作用和效能，那整个组织才有达到协调和追求效益的可能性。

第二层：村民群体之间的关系。

这一层是景区社会系统的主体。乡村村寨的自然地理条件特点决定了世居于此的乡村社会的构成与文化。两者自成一体，是一个相对封闭的生态子系统。村民群体的关系以家庭血缘为主，具有深入而稳定的特点。乡村与自然相互适应形成的生态文化是群体的组织文化背景，其内部也有乡村传统的社会规制和管理层系统。这些与行政和景区管理层的文化有明显差异。

景区组织体系的文化构成具有复合以及特殊性，基于群体与管理层的差异，要为实现一致的目标而努力，就必须考虑村民群体和管理层双方的认识转变与适应。村民群体需要实现对景区本质的认知和自身角色的适应；管理者则需要明确景区的真实内涵、村民群体的文化差异，以及群体关系对组织管理效率和发展的影响。

三 村寨景区组织冲突性质

村寨景区是旅游环境与原生社会环境关系互动作用后的一种复合系统。其内部的社会组织关系与其社会生态关系是相对应的。所以作为社会环境体系的构成基础——景区内的组织主体即体现出环境关系变化的复杂性。那么，在明确村寨景区组织的复合属性与内部的关系特点之后，我们就可以得出，冲突作为一种关系主体之间状态的体现方式，村寨景区的组织冲突也自然具有复合性。

乡村村寨景区的形成和发展，是环境关系变化中组织系统从分化到整合的过程，也是组织系统内各层级群体心理互动发展的过程，即景区内原有村民群体与管理组织对新环境的互动、适应与融合。这个过程中产生的矛盾冲突，体现了基于当地乡村传统文化的组织与环境、管理层组织在其文化体系中的互动适应状态。

第二节 组织冲突

一 冲突的内涵

1. 冲突的定义

关于冲突的定义，由于研究的主体和出发点的差异，在心理学学界有不同的看法。托马斯·谢林（Thomas C. Schelling）认为，冲突是一方感到另一方损害了或打算损害自己利益时所开始的一个过程。也有观点认为，冲突是在社会环境或过程中，两个以上的统一体被至少一种形式的敌对心理关系或敌对互动所联结的现象。还有学者则认为，冲突是一种过程，在这个过程中一方感知自己的利益受到另一方的反对或者消极影响。[①] 以上定义是从心理学的视角出发的，冲突的本质应该是人在互动

---

① 王琦、杜永怡、席酉民：《组织冲突研究回顾与展望》，《预测》2004年第3期。

过程中心理状态的一种层次表现。

有人认为,冲突是指关系主体之间因目标、利益、价值观等对立,或在资源稀缺情境下出现的相互阻挠行为,且该对立或阻挠被至少一方主观知觉到的矛盾状态。这个概念包括多层含义:主体是关系的双方;表现为取得资源而发生的阻挠行为;条件是只有当矛盾被知觉到时,才构成真正的冲突。这反映出冲突产生的条件、表现及过程。蒋云根认为,冲突一般表现为一种过程,这种过程的发生是由于一方感觉到另一方对自己关心的事情产生消极影响或将要产生消极影响,其中包括相互之间在目标方面的不一致,对事实的解释存在分歧,在行为期望方面的差别,等等。① 还有人认为,冲突是指个体由于不兼容的目标、认知或情感而引起的相互作用的一种紧张状态。冲突的定义还有很多,可以看出其出发点和主体的差异,这对应的就是组织内部的各种主体关系。

从一般意义上看,冲突所包含的内涵有狭义和广义之分:狭义的冲突是指主体之间的具体矛盾和对抗关系,如社会暴力、武力冲突等;而广义的冲突是指事物之间的不协调、相互抵触、相反的作用。② 其中所涵盖的内容包括对抗性的矛盾斗争,也包括非对抗性的矛盾斗争。它广泛存在于社会领域,也存在于自然界。

组织冲突是一种特定范围的冲突,作为一种组织内不同主体关系的矛盾程度表现,冲突存在于组织的不同方面,体现出层次性,也反映组织主体研究在对象范畴变化过程中的阶段特点。鉴于组织的属性与发展特点,需要将其置于存在的环境关系中去研究。本书讨论的主要是组织与环境相互作用过程中,其内外各种关系主体之间的矛盾冲突。

2. 冲突的性质与功能

冲突是事物发展变化的一种动力。事实上,事物的发展变化都离不开冲突,事物的发展是在克服和解决矛盾冲突的过程中实现的。③ 冲突作为事物之间的一种关系状态,普遍存在于世界的事物之中,在其作用的

---

① 蒋云根编著:《组织行为的心理分析》(第三版),东华大学出版社2013年版,第95页。
② 周伟忠:《冲突论》,学林出版社2002年版,第4页。
③ 周伟忠:《冲突论》,学林出版社2002年版,第7页。

过程中产生变化，而对冲突的认知和解决方式则决定了事物发展的方向。这是冲突的本质与功能。

在组织行为学领域，冲突在组织中的性质与功能呈现出辩证统一的关系，而对冲突性质的辩证认知过程，更是体现冲突理论与研究向纵深发展的关键维度。对此问题，学界的观念也经历了一个从"传统观念"到"人际关系观念"，再到现代"交互作用"观念的演变过程（见表2-1）。[①]

表2-1　　　　　　　　　　冲突性质理论发展

	主要内容
传统观点	把冲突都看作不良和消极的，都对群体、组织有破坏性，冲突是组织功能失调的结果，是沟通、信任和目标不一致而导致的
人际关系观点	认为对于所有群体和组织来说，冲突都是与生俱来不可避免的，应该利用冲突对群体发展积极的一面。所以主张接纳冲突，并使它的存在合理化
交互作用理论	认为一个平静、和谐、合作的团体可能变得静止、冷漠，对于改革和创新无动于衷。因此，这种理论主张组织的领导试图把组织维持在最小的冲突水平上，以便能够保持组织群体的活力、自我反省力和创造力

资料来源：王垒编著：《组织管理心理学》，北京大学出版社1993年版，第195页。

冲突功能的认知发展是基于对组织冲突性质的辩证关系讨论，逐步形成一个立体化的结构，这与社会发展过程中组织的逐步复杂化结构和层次相对应。在实际应用中，对组织冲突性质的判断是一项难题，因为很多时候受问题的延续性、环境变化的动态性等因素影响，所谓良性冲突与恶性冲突之间并非存在绝对明晰的界限。另外，冲突的功能认知依然涉及社会文化中价值取向问题，在强调和谐稳定环境的传统文化影响下，对冲突价值的判断应该与实际环境相协调，而实际的问题研究和处理过程也不能只考虑概念的绝对化，更应联系实际来做出判断。

---

① 王垒编著：《组织管理心理学》，北京大学出版社1993年版，第194页。

3. 冲突的划分

冲突的普遍性决定了其研究的热度。很多学者从社会学、经济学、管理学、生物学和心理学等学科角度研究了冲突产生的原因，冲突的具体内容、过程等，并从不同的维度和视角对组织冲突做了相应的研究。学界以冲突的性质和功能为基本，把组织冲突分为消极的冲突和积极的冲突，这也是冲突理论发展的主线。以冲突的发生主体和范围来划分，学者们把冲突分为五个层次：一是从个体内部出发的自我冲突（Personal），即冲突发生在个人自身；二是人际冲突（Interpersonal），这里包含两个层面——个体之间、个体与群体的冲突；三是群际冲突（Intergroup），即群体与群体之间的冲突；四是组织之间的冲突（Interorganizational）；五是国家或乡村之间的冲突（International）。① Blair H. Sheppard 将冲突分为三个维度：内容维度、关系维度和情境维度。Karen A. Jehn 提出冲突有三种类型：任务冲突、关系冲突和过程冲突。Darid W. Johnson 和 Roger T. Jhonson 将冲突分为认知冲突、情感冲突和行为冲突，② 这是以冲突主体的心理过程来划分的。有学者以冲突存在的状态为依据，将其划分为潜在冲突和实际冲突。周伟忠按照冲突的性质和解决的要求，将冲突划分为协调型冲突、兼顾型冲突、排除型冲突与和解型冲突。③

以上对冲突的划分细致而明确，从横向的冲突主体的各种关系，到纵向的发展过程的分析，也有从心理学视角的研究。但并没有反映出组织冲突的体系关系，以及其内在与文化和心理的关系。实际情境中的组织矛盾和冲突，往往是复合交织在一起的一个关联系统，并非单纯的一种冲突。冲突是一个复杂立体的系统和过程，单纯、局部涉及一个关系层面，或者某一种具体的冲突研究，并不能反映冲突的整体关联性和其本质，需要以组织内外的冲突体系的关系为基础进行深入研究。

---

① M. Deutsch, "Sixty Years of Conflict", *The International Journal of Conflict Management*, No. 2, 1990, pp. 237-263.
② 转引自陈英、叶茂林《组织冲突内在动因的全面阐述》，《商业时代》2013年第5期。
③ 周伟忠：《冲突论》，学林出版社2002年版，第18—19页。

二 从社会学到管理学的组织冲突

冲突作为一种矛盾的阶段表现，普遍存在于自然与人类社会中。冲突的认识是源于人自我的内部矛盾，以及社会中人与人的矛盾对立关系的感知和思考。

冲突理论的基本思想起源于19世纪末20世纪初，是社会学的重要理论视角。德国哲学家和社会学家齐美尔提出了"冲突社会学"这一名称，并逐步形成了与"机体学派"相对立的"冲突学派"。[①] 社会学家刘易斯·科塞最早使用"冲突理论"这一术语。关于冲突的概念，科塞指出，冲突是一种社会化的形式。组织的形式是对立与合作变化过程的结果。[②] 德国社会学家达伦多夫提出，主体之间目标存在不相容的一切关系都是社会冲突关系。从上述社会学家对冲突的定义可以看出，他们都倾向于对冲突产生的原因的关注。这是一个社会整体范围内对冲突现象的内在一般性分析，并没有特定明确的主体和范围，但体现出社会学专有的视角和对冲突的阶段性共同认知。这为其他领域对冲突的研究提供了理论基础。

科塞对冲突的研究侧重于其正功能，即社会冲突能够增强特定关系或群体的适应与调适能力，而非削弱这种能力。科塞对冲突的功能有相对深入的理解，他认为冲突具有正负两种功能。在正功能方面，冲突具有对社会与群体的内部整合功能、对社会与群体的稳定功能、对新社会的平衡功能。科塞认为，一个社会系统中各类群体之间的冲突，可以促进社会群体之间保持相当的独立性，群体之间的竞争和冲突，可以产生群体的内向凝聚力，一定程度上有利于保持社会系统的平衡，使社会系统不断分化整合。冲突的问题及其产生的社会结构是决定冲突的正负功能的重要因素。在分析冲突的原因过程中，科塞对核心原因——"价值观"差异问题提出了深刻而独到的见解：当冲突的问题不涉及冲突双方

---

① 卢野鹤：《冲突社会学理论简介》，《社会科学》1986年第11期。
② [美] L. 科塞：《社会冲突的功能》，孙立平等译，华夏出版社1989年版，第16页。

的核心价值时，冲突就具有正功能；当冲突的问题涉及冲突双方的核心价值时，冲突就具有负功能。

上述关于冲突的定义和功能分析，是从社会空间范围层面对社会体系中人际关系的深入剖析，揭示了冲突的共性与本质。其他冲突则是更为具体化、不同范围内的冲突表现，尽管各具特点，但本质上具有一致性。

从社会冲突到其他主体的冲突的研究，是冲突理论在具体领域和范围内的细分深入过程；而组织冲突则是组织形成后，管理科学对于人和人群关系深入研究的发展结果。早期的组织理论集中于人与组织效率的提升关系，并没有过多关注冲突问题，泰勒（Fredevick W. Taylor）对组织内的矛盾研究也仅限于影响工作效率的劳资对立问题与调和。现代决策理论学派的创始人西蒙（Herbert A. Simon）和马奇（James G. March）对冲突的定义是，组织的决策标准机制遭到破坏，导致个人或团体陷入难以选择的境地。[①] 这一界定从组织系统协调视角，揭示了组织内主体间的冲突关系。西蒙和马奇认为，当个体或团体面对组织整体决策时，决策的适应度会引发组织内关系主体的两难反应：一是虽存在理想的选择，但仍无法满足其需求；二是对可获得的选择结果缺乏把握。这一定义的阐释现在看来比较有局限性，它反映了组织主体间对于目标和需求的矛盾协调问题，其中也隐含了矛盾冲突的多样性和层次性，算是对组织冲突在不同领域的思考。

三 组织冲突理论的发展

冲突的研究是基于唯物辩证法的矛盾理论，以人性差异为假设，组织冲突的研究则基于上述假设以组织具体范畴的特点来展开研究。

涉及冲突管理的理念是基于对冲突性质的认识发展而变化发展的，从冲突的破坏性到积极和消极的辩证统一性的发展，具体经历了三个阶

---

① 转引自刘炜《企业内部冲突管理研究》，博士学位论文，首都经济贸易大学，2007年，第14页。

段。第一阶段为20世纪30—40年代,"传统冲突观点"占据主导。该观点认为,冲突是非理性的、破坏的,必须加以阻止。第二阶段为20世纪40—70年代,对冲突的本质认知有了新的发展。"人际关系观点"认为,不可能彻底杜绝冲突,而且某些冲突可能对组织有一定的积极作用,要区别对待。第三阶段为20世纪70年代至今,最具代表性的是"交互作用观点"。该观点认为一定程度的冲突是组织保持生命力和创造力的动力,并鼓励合理冲突。①

第一阶段:传统理论阶段。传统理论认为一切矛盾冲突都是破坏性的,组织中的冲突是组织功能失调的结果,冲突都是消极有害的,应该尽量避免冲突。这一观点源于工业革命,新兴工厂在劳动生产率提高过程中所产生的劳资纠纷。18世纪,英国的产业革命之后,出现了工厂工业。新的职能性经济组织诞生,生产模式从个体手工生产转变为工厂集体规模化生产。这一转变将性格、能力各异且数量众多的劳动者整合起来,使其围绕工厂的统一目标协同工作。当时,管理问题和劳动纠纷问题是主要的组织冲突。

这一时期的冲突理论基于管理学中"经济人"的假设。19世纪,查尔斯·巴贝奇等就在关于企业经济效益的研究中,发现了人的需求与组织利益之间的冲突关系,并把它和物质影响因素分开。这是对于组织主体相对独立性,以及人与组织之间关系的认知。为了解决劳资关系的矛盾,他主张采用利润分配制。而针对类似的问题,罗伯特·欧文则是从主体关系环境的角度来考虑,提出了一系列改善工作条件和待遇的建议与社会改良政策。人们对有关企业冲突的管理问题,早在19世纪就有了一定程度的认识和研究,鉴于认知的局限,并没有形成系统理论。

而后,在经历第二次产业革命的过程中,泰勒总结实际企业管理经验并研究创立了科学管理法,其基本原理如下:一是基于生产力提升的劳资关系协调:通过改进生产技术与方法,提高单位劳动时间的产出效率,以科学、公平的分配机制实现劳资利益调和;二是基于管理科学的

---

① 郭啸:《论组织冲突成因及管理对策分析》,《学理论》2012年第12期。

主体关系优化：探索经营管理的科学规律，从组织内部主体关系入手，摒弃劳资间的对抗性模式及主观随意的管理判断。① 显然，科学管理法的目的是想通过具有科学事实和研究方法的经营管理，构建调和劳资矛盾关系的管理体系。该管理理论的进步在于，注重客观事实的规律与联系，但还没有看到组织内部关系的复杂，以及人需求的阶段性之间的联系。

第二阶段：人群关系论，是对企业组织冲突研究有深远影响的经营管理理论。这种观点认为，对于任何主体而言，冲突都是无法避免且普遍存在的，应当接纳冲突，使冲突的存在合理化，通过调节人际关系来适当地控制和利用冲突的作用。②

人群关系论于 20 世纪 50 年代盛行于美国实业界。人群关系论提出了"社会人"的假设，并提出了人的情绪和非正式组织等新的概念。根据"社会人"的假设，管理者更加注重组织内部人与人、人与群体间的关系。"社会人"不只是单纯的经济人，他是群体中的一员，除去经济利益，也需要友谊、安定和归属感。人群关系论，从另一面反映了组织冲突的成因并非单一的经济利益，而是一个多维度的类型冲突。同样，对组织内个体情绪与群体关系等问题的研究，为之后的组织冲突研究开创了新领域。

人群关系论认为，组织内形成的群体感情逻辑，是支配团体行动的价值准则。而在一般情况下，管理者则以生产成本和效率逻辑为重要的价值标准。由于关注的焦点以及行为指导的准则差异，在具体的管理过程中，管理层与员工的目标诉求不同，就会产生某种冲突，进而阻碍组织目标的实现。

根据主体差异，人群关系论将管理者的职能分为经济职能和社会职能两部分。前者指管理者对企业物质资源合理分配调控，以达到组织的生产收益职能；后者是指管理者认识到组织内部人群关系对企业经营效率的影响作用，进而积极协调，以形成良好的人群关系环境。试图在满

---

① 邱益中：《国内外学者对企业组织冲突问题的研究》，《外国经济与管理》1996 年第 5 期。
② 马新建：《冲突管理：一般理论命题的理性思考》，《东南大学学报》（哲学社会科学版）2007 年第 3 期。

足员工需求的同时，协调促进组织目标的实现。但该理论过分强调人和人在企业里的协作与调和，忽略了组织冲突中的利益矛盾，并没有从一个较为全面的角度思考组织冲突的原因。另外，它以组织内的个人和群体之间的相互作用与影响为研究对象，是对组织关系深入认识的开始，开辟了进行组织冲突研究的新领域，为研究者对组织冲突的全面认识奠定了理论基础。

第三阶段：交互作用理论。该理论是冲突本质认识深入化的体系。它认为一个平静、和谐、合作的团体可能变得静止、冷漠，对于改革和创新无动于衷。因此，这种理论主张组织的领导要把组织维持在一个适度的冲突水平上，以便能够保持组织群体的活力、自我反省力和创造力。这一理论基于组织理论"复杂人"的假设与组织群体关系认知发展，并与现代冲突管理观念相对应。冲突不仅具有客观存在性和主观知觉性，而且具有作用影响的两重性，即冲突对于组织或群体既具有建设性、推动性等正面属性，又具有破坏性、阻滞性等反面属性。[①] 组织和管理者需要明确冲突的两重性，面对冲突不能单纯地防止和消除，也不能放任冲突，而是要对冲突进行系统分析。在具体的组织关系中，判断冲突的主次关系，有针对性地做出冲突管理，协调控制破坏性冲突，促进建设性冲突，刺激积极的冲突，进而达成组织系统的协调发展。

从传统理论到交互作用理论的演进，是组织理论研究聚焦于组织冲突领域的结果。这些理论体现了组织发展过程中，基于对组织内人际关系认知的相互作用状态。自然也是一种阶段性的理论，有特点和局限性，在组织变化的过程中，必然会有适应新环境中组织发展特点的理论出现。

四　组织冲突的内涵拓展

组织冲突的研究是一般冲突研究的聚焦与发展，所以在研究组织冲

---

① 马新建：《冲突管理：基本理念与思维方法的研究》，《大连理工大学学报》（社会科学版）2002年第3期。

突内涵的时候也需要从一般冲突的内涵开始。对于冲突的内涵,很多学者都从不同的主体对立关系、过程和心理状态等几个主要维度做出了分析。庞迪(Louis R. Pondy)认为,冲突应该被理解为组织行为的一种动态过程。他将冲突的发展分为五个阶段:潜在的冲突(冲突产生的条件)、知觉的冲突(对冲突的认知)、感觉的冲突(冲突造成的影响)、显现的冲突(冲突行为)和冲突的结果(产生冲突的新条件)。大多数学者也开始认同冲突是一个过程的观点,如 Oriental、Wall 和 Thomas Callister 都认为"冲突是一个过程"。在这个过程中,一方感知自己的利益受到另一方的反对或者消极影响。Thomas Callister 也将冲突看作主体双方利益损害的过程。从上述定义来分析,学者们对冲突的理解虽然各有不同,但都可以寻找到一些共性:其一是冲突主体的差异性对立,反映出对冲突的消极性判断;其二是共同的心理感知和动态过程。

巴伦(Robert Baron)基于其他学者的研究,总结发现了冲突内涵所共有的几个特点:一是"零和博弈"条件下主体间的不同利益;二是主体对于矛盾冲突的感知;三是以利益为主要内容的对立;四是冲突的过程特性。

M. A. Rahim 认为冲突的发生条件包括以下几个:[①] 一是个体利益和需求的差异;二是偏好和满足度差异;三是对稀缺资源的竞争;四是主体间态度、价值观、技术方法和目标的互相排斥;五是共同任务行动中的个体认知偏差;六是任务主体之间的相互依赖性关系。从上述内涵和条件分析可以看出,巴伦和 Rahim 的出发点是不同的,但都体现出前文所提出的主体的差异对立、心理感知和过程发展。Rahim 提出的价值观的差异是冲突的内核问题,他看到了冲突的深层原因,但他并没有将影响冲突的条件和关系进行系统性关联。

国内学者马新建从系统而联系性的视野对冲突管理展开研究,以冲突的内在矛盾运动状态为导向,以辩证唯物主义观点认识和剖析冲突,

[①] M. Afzafur Rahim, "Toward a Theory of Managing Organizational Conflict", *The Inernational Journal of Conflict Management*, No. 13, 2002, pp. 206-235.

研究分析了冲突定义所包含的基本要素,并归纳出冲突的共性和本质内涵。①

其一,从主体所体现的内外状态来看,冲突是主体之间的差异(如主体自身属性差异或主体价值取向差异),导致其对特定客体的处置方式产生分歧,进而引发的行为、心理层面的对立或矛盾的相互作用状态。

其二,组织的冲突是行为层面的人际冲突与意识层面的心理冲突的复合。

其三,冲突的主体包括组织、群体或个人,冲突的客体可以是利益、权力、资源、目标、价值观、感情、信息、关系等。

其四,冲突是一个过程,它从主体人与组织之间的相互关系和作用过程中发展而来,它反映了冲突主体之间的交往状况。另外,冲突是在人与人之间的互动过程中所感知、所经历的,所以带有明显的过程特征。

其五,冲突的各方既相互对立,又相互依赖,任何冲突事件都是这两种关系的对立统一状态。他认为冲突管理应是以冲突各方的相互依赖关系为基础、相互对立关系状况的转化为重点,调整彼此的对立统一关系。

马新建对冲突的内涵分析,从主体的对立关系中发现了主体的层次性,而且从传统的定义中总结的冲突是心理和行为两个维度的复合,即将心理与行为的联系相统一。他将冲突的主体和对象进行了分类,这个分类并没有反映出主体和客体间的联系。就冲突的具体情况而言,客体所包含的内容很多是原因,而且是分层成体系的。

刘炜在马新建的冲突内涵基础上总结了关于冲突内涵的共性。②

第一,冲突是一种相互作用的对立紧张状态。

第二,冲突的主体、客体具有多元性。

第三,冲突是一个过程。这一特征可以从两个方面来理解:其一,从冲突的发展演变来看,冲突是一个过程;其二,从冲突的产生来看,

---

① 马新建:《冲突管理:基本理念与思维方法的研究》,《大连理工大学学报》(社会科学版) 2002 年第 3 期。

② 刘炜:《企业内部冲突管理研究》,博士学位论文,首都经济贸易大学,2007 年,第 16 页。

冲突也具有过程的特征。

第四，冲突的各方既相互对立，又相互依赖，任何冲突都是这两种关系的对立统一状态。

可以看出，刘炜和马新建对冲突内涵的认识基本是一致的。他们关于冲突的内涵已形成某一发展阶段相对统一且全面的认知，从主体的状态、行为、心理，到冲突的内容、成因等维度均进行了较为全面的分析；不仅拓展了冲突过程的横纵轴内涵，还探讨了冲突主体间矛盾对立与依赖联系的辩证关系。

综合之前的研究分析，笔者认为组织冲突的内涵研究，还应该把组织冲突与主体的内在关系和产生根源进行分层的系统分析。研究冲突作为组织各层次关系矛盾状态的体现，以及冲突与组织文化之间的本质关联，对这一关系的理解与把握，有助于增强组织冲突研究的系统整体性和逻辑连贯性。以此为出发点，组织冲突的内涵应该表述为：第一，组织冲突作为组织内部各层次主体关系的状态体现，是组织各层级关系主体之间相互作用矛盾的运动发展过程，这一过程与组织整体在和外部环境实践互动过程中，组织文化体系各层次关系的适应表现是统一的；第二，组织冲突是一个有层次的系统，各层级主体与客体间的联系形成网状结构，并且在一个运动过程中变化发展。

第三节 生态心理学及应用分析

生态心理学是心理学一种阶段发展的适应性研究，它与社会发展、科学发展和人类研究认知的步伐相统一。基于生态哲学思想的生态心理学理论体系，将为组织及组织冲突的整体性研究提供新的发展视角。生态心理学中的互动原则和多元方法论等以自然环境为基础注重生态效度的研究方法，对于复合组织系统关系的整体性、关联性研究，将促进组织理论的系统构建及组织冲突管理的有效发展。

一 生态心理学的概念

（一）定义

生态心理学是以生态哲学思想为基础，以日常生活中"人与环境"的交互关系体作为研究对象，在社会环境发展与生态环境运动过程中，随着科学心理学发展而形成的一种新的心理学研究取向。生态心理学强调主体之间、主体与环境的关联性与整体性，并注重心理现象的相互联系作用。在研究态度及研究方法上，生态心理学提倡一种开放的研究态度，主张依据研究的目的和问题采用多元化的研究方法，并注重研究的生态效度检验。它是一门生态学和心理学的交叉学科。

（二）分类

目前，心理学界普遍认为生态心理学可分为两类：生态学的生态心理学和生态危机的生态心理学。这是依据研究出发点和研究内容的差异进行划分的。

1. 生态学的生态心理学（Ecological Psychology）

生态学的生态心理学产生于20世纪40年代，由巴克、吉布森等人开创。生态心理学以生态哲学为思想基础，是生态学取向的心理学研究，即依据研究方法来定义的，将生态学的观点和方法引入心理学研究中来，倡导心理学研究的生态化。它是由主流心理学发展过程中自身局限所引发，从主流心理学内部发起的对主流心理学的批判和改造，针对主流心理学实验方法的人为性缺陷，是理论型的生态心理学。

2. 生态危机的生态心理学（Ecopsychology）

生态危机的生态心理学以生态危机与人的关系问题作为主要研究内容，强调生态危机与人心理与行为的内在联系，属于应用型的生态心理学。以温特（Deborah Winter）、霍华德（George S. Howard）和罗杰克（Theodore Roszak）为重要代表人物，他们对生态心理学的理解与研究有自己的特点。

温特将生态心理学定义为，"在其物理的、政治的与精神的联系中的人类经验行为的研究,目的是建立一个可持续发展世界"。① 其理论原则的核心为,生态心理学的目标在于探索如何构建一个可持续的文化。他专注于生态危机对社会各个层面的影响研究,并给予心理学的关注,为心理学不同理论流派的研究提供了应对生态危机的解决路径。

霍华德一直推崇实际环境中的心理研究,即讲求生态效度的心理研究。他将生态心理学的研究分为全球性的思考和当地的行动两个部分。他鼓励心理学家在实际环境中进行生态方面的工作,从而促进改变人们的生态不适宜行为。与温特的研究相比,他更关注人们面对生态危机所采取的行动,他的研究更体现出心理学在生态危机方面的应用。

罗杰克致力于研究生态心理学的内涵延展,以及与其他学科的融合发展。他和同事研究认为,"生态心理学是环境哲学、生态学和心理学的交叉学科"。② 而人类所面临的生态危机源于人类的自我中心状态,以及长期与自然环境之间彼此疏离导致的精神危机。罗杰克主张借助生态学的整体性原则,重新建立人与自然环境的联系,以应对生态危机与人类精神危机。

本书所涉及的生态心理学的理论范畴包括吉布森、巴克等关于生态学倾向的生态心理学研究,也包括了温特和霍华德等关于环境危机的研究,与秦晓利的研究是一致的。虽然具体的研究主要涉及的是生态学的生态心理学,但需要明确的是,无论是生态学的生态心理学还是生态危机的生态心理学,都是基于相同的思想基础和内涵,只是代表其发展在不同阶段所体现的研究取向和内容的侧重差异,依然体现出其学科内涵的理论与实践相结合的统一性。即生态心理学不但改变了心理学内部的科学观,也改变了心理学的学科性质,改变了基础学科与应用学科的关系。③ 而在实际的案例研究中,本书运用到两种生态心理学的相关理念,因为研究主体事物本身就是一个多样的生态系统。

---

① 转引自秦晓利《生态心理学》,上海教育出版社2006年版,第81页。
② 转引自刘婷、陈红兵《生态心理学研究述评》,《东北大学学报》(社会科学版) 2002年第2期。
③ 秦晓利:《生态心理学》,上海教育出版社2006年版,第3页。

二 生态心理学的发展

(一) 发展阶段的划分

生态心理学的形成是基于两方面的环境变化：一方面是心理学在新社会环境发展中的研究困境，这是自身局限导致的；另一方面是生态哲学引导的生态思潮的兴起，这是人类社会发展到一个新的文明阶段的需求。虽然看起来两者是不同的，但其内在关于人与环境关系的问题认知和思考，是促成生态心理学形成发展的根本。

生态心理学的发展以时间断面来划分，可分为萌芽期、确立期、发展期，以及兴盛期。[①] 这是国内学者易芳和秦晓利等在生态心理学研究中所形成的共识，这种划分有助于较为清晰地把握其发展状况。

萌芽期（1900—1950 年）：生态心理学的萌芽可以在哲学心理时期的研究中追溯，但主要思想源于 20 世纪中的格式塔心理学。勒温（K. Lewin）基于心理场理论发展构建的"心理生态学"被视为生态心理学的前身。勒温提出心理生态学（Psychological Ecology），他集中研究人与环境的相互作用关系及影响。而后，他提出了著名的心理学场论，运用拓扑学和物理学的概念来描述人在环境中的行为，并通过行为公式 $B=f(P, E)$ 深入分析人的行为与人、环境之间的内在关系，即行为是人与环境的函数。[②] 布伦斯维克（Egon Brunswik）则在其研究《知觉和心理实验的代表性设计》中提出了心理学研究的"生态效度"概念。这些都为生态心理学的产生提供了直接的元素和理念。

确立期（1950 年前后至 1970 年）：生态学的生态心理学源于勒温的两个学生罗杰·巴克（Roger Barker）和赫伯特·赖特（Herbert Wright）建立的中西心理学场。他们继承了勒温的生态心理学思想，并将心理学研究方法和理论探究重点放在了生态环境上，把现实环境中的现场观察作为人心理研究的主要方法，于 1968 年开拓了生态心理学（Ecological

---

[①] 秦晓利：《生态心理学》，上海教育出版社 2006 年版，第 4 页。
[②] 薛烨等：《生态学视野下的学前教育》，华东师范大学出版社 2007 年版。

Psychology）研究。与此同时，吉布森也将生态学运用到其知觉理论的研究中。这都为生态心理学的发展奠定了基础。

发展期（1980—1990年）：生态心理学的发展是建立在生态心理学组织的成立和理论发展基础上的。1989年《生态心理学》创刊，同时美国的几所著名大学也设立了生态心理学系和相关研究组织，这些为生态心理学的研究发展和人才培养创造了很好的环境。在理论研究方面，巴克和吉布森的生态学研究方法、原则逐步被更多的学者广泛认同，并应用到具体的心理学研究领域中。在理论构建方面，布朗芬布伦纳倡导生态心理学在发展社会心理学中的应用。研究影响最大的奈瑟，将生态心理学的原理运用到认知心理学研究中，产生了广泛影响。

兴盛期（1990年至今）：随着生态环境思潮在全球的持续传播，生态心理学逐渐获得广泛认可与应用，并逐步走向兴盛。这一时期的特点是研究向纵深发展，以及学科环境多元化。纵向发展体现在理论的不断深入和体系构建上，"生态危机的生态心理学"的出现，就是应用心理学实践与生态心理学理论相结合的研究拓展过程。至此，生态心理学的两大研究取向基本形成，并在实际研究中不断探索构建。

发展阶段的划分是以生态心理学发展的过程特点为依据的，是时间断面上的节点。而其形成和发展的过程本身就是复杂的，要将其厘清需要从不同的方面进行分析。

（二）学科形成背景

秦晓利在其研究中把生态心理学看作"心理学研究中充满希望的领域"。巴克等建立的中西心理学场为其形成创造了物质研究环境，另外，格式塔心理学的理论启示以及生态知觉理论、认知心理学、可供性等理论的发展，为生态心理学的确立和研究的展开提供了研究方法与理论的支撑。他以"人—环境"的统一体，即现实的生活整体作为研究对象，运用生态哲学的思想，以生态学的理论和研究方法进行研究。其研究注重环境的现实性，即生态效度的考量。这一定义是学科内各取向研究者到现阶段所达成的一个共识。从这一视角可以梳理出生态心理学的社会环境基础、哲学根基及学科理论形成发展的背景，进而以此为切入点对其理论形成过程作深入解读。

1. 社会环境的变化

就学科发展的社会背景而言，单纯的现象是不足以解释其内在联系与真实原因的。需要对现象进行深入分析，发现其内在的原因和发展过程，才能发现学科的环境变化历史。社会环境的变化为生态心理学的产生提供了价值体系与科学认知两个维度的环境基础。在这两个因素的相互作用中，相关学科都多少受到影响而发生改变。人们对自身与环境的关系认识在科学发展的基础上有进步，但也有阶段性的偏向。生态心理学作为心理学的一种取向，其发展与心理学的发展困境有紧密的联系。传统心理学为了跻身科学的行列，其研究集中关注个体的实验室研究，与现实生活情境相脱离。在面对社会中的很多重大问题时往往束手无策。包括社会心理学在内的研究也面临相同的窘境。这样的情况源于心理学对社会危机与环境危机问题解决的无力，其根源在于心理学与真实环境的联系，以及对于研究对象的认识和判断。对此，学者们提出了理论定向、研究方法的深入分析和反思。事实上，传统主流心理学主要以个体人为研究对象，其研究往往依托实验室中抽象化、简单化的局部分解式研究环境，这导致心理学研究与现实严重脱节。这种通过简单抽象的对象研究得出的实证结果和积累，不能体现人与环境的内在联系与整体性，也不能反映世界的真实面目，需要探求真实环境中的研究理论和方法。

2. 科学理论发展的推动

学科理论的发展与社会发展的需求是一致的。心理学的个体主义倾向与心理学的经典自然科学取向之间有着深刻而明显的联系。基于对研究对象认知以及研究方法效果的精确性和科学性追求，传统心理学的这一特点与自然科学的阶段性认知和发展特征具有内在一致性。生态心理学的发展，则是在汲取进化论与物理学学科观念变革养分的基础上逐步形成的。进化论通过对心理学传统研究方式的反思，以及生态学思想的介入，从两个方面对生态心理学的产生与发展产生影响。进化论中关于个体与物种的认知以及相互联系的研究，揭示了有机体对环境的互动适应问题。斯宾塞（Herbert Spencer）将其引入心理学的研究，并创建了

"进化心理学"。进化论对自然界中各元素间的联系和进化发展过程的认识，对心理学研究的影响是广泛而深远的，特别体现在心理学元理论的构建上。现代物理学中，对世界中物质之间的联系、本质和特性的认知有很大的发展。它的理论中包括了传统经典物理学中相互分离的物质、时空，并且认为这些元素都是一个密切联系的整体。物质非确定性的提出，对于研究主体的参与性"主客二分的研究方式"的发展，从世界观意义、思维方式的变革和研究方法论三个方面为生态心理学的发展提供新的理论意义。

生态学的兴起为生态心理学的产生提供了根本的思想与理论的滋养。生态学的比较统一性和丰富内涵都使其与越来越多的学科产生联系、交叉。它关于有机体与环境关系的系统理论，为人认识世界的整体和联系性提供了一种更新的思想。按照英国生态学家坦斯利（A. G. Tansly）的观点，生态系统的基本概念是物理学中的"系统整体"，这个系统不仅包括有机复合体，而且包括形成环境的整个物理因素复合体。因此，雷毅认为，"生态系统可以视为在任何规模的时空单位内，由物理—化学—生物学活动组成的一个系统"。[①] 生态学对生态心理学的影响主要体现在两个方面。一是提出了自然的一切事物都是相互联系的。这是一种自然观念，它改变了以往科学中的二元对立性。二是提倡在现实生活中进行观察和研究。这是从研究的方法上提出的根本性方法论原则。生态学从思想观念和研究方法两个方面为生态心理学的形成发展提供了重要支撑。

3. 哲学基础的支撑

哲学与科学本是密不可分的，哲学思想为科学研究提供思想基础和方向的引导。生态心理学产生的哲学基础主要包括以下几个方面：一是实证主义向实用主义的转变；二是现象学思想；三是以后现代主义为引导的生态哲学思想。经典自然科学以西方实证主义哲学为思想指导，追求研究的实证化，过程的逻辑化、程序化，方法的量化以及结果的可验证性。自然改造力量的发展及其对人的作用和影响，促使科学在现代社

---

① 雷毅:《深层生态学思想研究》，清华大学出版社 2001 年版，第 83 页。

会中占据主导地位,这与西方社会阶段性发展的价值观相契合。传统心理学就是基于此环境,逐步发展定位为科学研究的。实证主义是现代科学的思想基础,叶浩生在对心理学哲学基础进行分析的时候就曾指出:"实证主义哲学是'科学'的哲学,它把经典自然科学的科学观与方法论上升为一种哲学世界观和方法论,强调只有经典自然科学的科学观与方法论才是唯一正确性。"心理学为了适应实证主义的判断和期望,一直排斥以理性思辨为主的阐释与定性研究。但在社会发展进程中,逻辑实证主义所倡导的科学精神在新的社会环境中逐步体现出其教条性的局限和理想主义弊端。20世纪六七十年代后,实用主义在罗蒂(Richard Rorty)等人的推动下逐步走向新的繁荣。其基本主张是,"立足于现实生活把人的行动、信念、价值作为哲学研究的中心,把获得'效果'作为最高的目的。其中,行动、实践在他们的哲学中具有决定性意义,故又把它称为'实践哲学'①。"这与生态心理学思想的核心——人的心理行为与环境的相互作用具有内在的一致性,但更注重人的主体性。

　　心理学内部的分歧与其所认同并遵循的哲学思想有深刻的关联性,在实证主义盛行的时代也有与之相对立的哲学思想,对其局限提出了批判和思考,例如现象学。生态心理学的形成深受格式塔心理学的影响,而格式塔心理学的思想基础就是现象学的核心思想。现象学的认识论与对立的方法论对心理学研究的认识和范围发展产生了很大的影响。现象学在研究对象上讲求事物的整体,反对把事物分解开来研究。生态心理学的研究对象在一定程度上继承了其整体性。在研究方法上现象学强调对象在其意识经验过程中对于人的直接意义,即真实环境的作用。这与生态心理学所倡导的真实环境中的生态效度研究之间,存在内在的关联性。后来与现象学紧密联系的存在主义又从人的"存在"意义上进一步阐释了主体"人"与世界、环境的联系性和整体性。这些都为生态心理学的研究视野进行了拓展,也为其理论的构建奠定了哲学基础。

　　对生态心理学有巨大影响的另一个是后现代主义思想。当现代工业

---

① 转引自车文博《西方心理学史》,浙江教育出版社1998年版,第303页。

发展到一定时期，工业文明所产生的危机使人们开始反思自身与环境的关系。后现代主义既是一种文化现象，也是一种新的世界观、价值观和方法论，并为心理学中一直处于边缘地带的非主流心理学提供了思想支撑和理论依据。生态哲学是后现代主义中的一种新的世界观，它用生态学整体性的观点去观察现实事物并解释世界。它运用整体论、有机论、互动论等观点看待"人—社会—自然"的关系，追求人与自然的和谐发展。生态心理学以生态哲学为思想基础，所以也属于后现代的范畴，它研究对象的整体性、方法论的多元化，以及讲求对现实生活的研究，都透出后现代主义中对于世界和社会的基本认识与观点。后现代主义的丰富内涵被更多的研究领域吸纳和发展，心理学需要从后现代主义的自我应变和构建发展中汲取更多。现象学与后现代主义为生态心理学的形成提供了思想和理论环境的支持，使其在心理学发展的困局中寻获新的研究视野与解决路径。

(三) 心理学的发展过程与整合需求

心理学是生态心理学根本的思想基础和学科支撑。心理学最初源于哲学。经典自然科学之所以成为主导并超越哲学的地位是源于人类自身发展的特点即对物质的需求，改造自然的能力（生产力）在科学的作用下变得异常强大，人对于技术的掌握和使用的结果让人以为自己拥有了征服自然的力量。这样的情况对应的是人类中心主义，以及对科学技术的追逐和崇拜。心理学想要确认自己的科学性质，必然遵循科学所倡导的思想和研究方法。但问题在于，两者的研究对象并不统一。经典自然科学的研究都要求标准化、量化和可验证性。这是以自然界的物质为主体的研究，自然界的物体相对稳定，具有被量化、标准化的条件和基础。所以自然科学的研究方法是适用的，结论也是可验证的。而心理学的研究对象是人，人作为自然的一部分，具有"自然人"的本性，这部分共性是可以量化研究的部分。这部分研究的丰硕成果也为心理学证明其科学性做出主要贡献，而成为心理学的主导。需要明确的是，随着社会的发展，人的社会性越发凸显，个体在社会环境中的行为活动、关系互动及其积累的经验世界，理应成为心理学研究的核心内容，但它并没有得到主流心理学的重视。这归因于自然科学的研究方法不适用于该研究对象，不能有效解释现象并解决问题。对研究对象缺乏整体的认知与把握，是心理学内部分裂的根本原因。然而内部的矛盾与分裂并不一定都是消极的，以冲突功能的辩证视角来看，科学内部的矛盾也可能是其发展的动力。就心理学的发展情况来看，非主流心理学的对立和存在一直是主流心理学自省与对照的依据，当社会发展具备思想环境和理论支撑的时候，心理学将会逐步走向整合与统一。生态心理学的产生就是这一过程的产物，而这个过程是在心理学内部主流与非主流理论的争论中实现的。

科学心理学诞生之初，其研究的取向和方法的选择就导致了内部呈现分裂状态。冯特（Wilhelm Wundt）作为科学心理学的创立者，他的研究分为科学的部分和社会取向的乡村心理学两个部分。他的内容心理学与布伦塔诺（Franz Brentano）的意动心理学在研究对象和研究方法上都有明显的分歧。而后心理学的发展中出现了机能主义与构造主义的对立，行为主义对机能主义的反对，完形心理学与机能、行为主义的对立。19世纪末至20世纪30年代，心理学处于一个混乱的局面，即便是学派的内部也存在分歧。这是心理学的分化阶段，思想基础的多样产生了不同的派系，在实证主义语境下，科学心理学占据了主导地位。这一时期的研究致力于构建心理学的实证知识，并在20世纪30年代以后，心理学进入对小型理论体系的构建。这是科学心理学的实证理论的构建，但心理学内部依然存在实证主义主流心理学与人文主义非主流心理学在研究对象、研究方法等基本问题上的分歧与争论。在经历了认知心理学与人本主义心理学关于研究对象和方法对立纷争之后，我们可以认识到，心理学内部的分裂源于研究对象与方法的割裂。综上，心理学目前主要面临以下几个问题：一是心理学自身内部的分裂、破碎；二是无法解决社会中的心理现象与研究取向个体主义倾向之间的矛盾；三是研究与现实生活的脱节。这里的脱节是指心理学与日常现实生活的脱节，它表现在心理学对人们心理、精神与实际生活内在关联性的忽视，过于重视经验方法。[①]

[①] 秦晓利：《生态心理学》，上海教育出版社2006年版，第1页。

在此背景下，需要将心理学研究对象进行内涵的统一，并寻求与之相适应而有效的研究方法。生态心理学就是在这样的环境中给出新的解答和回应。生态心理学的生态哲学，准确地说是以深层生态学的观点为基础，生态心理学以人与自然环境的整体性为研究对象，统一了心理学对心理—环境关系的研究范畴，并为心理学的研究发展提供了多元的研究方法。用冯特的话说，"可以确信的是，科学的心理学必须既是科学的也是心理的。我们必须在两个方面都要做得好。这是基于将会被探索的缘由，我相信生态心理学可以为心理学提供既有严格的科学性又充分关注主体实践的必要的理论基础"。① 具体发展整合过程如图2-1所示。

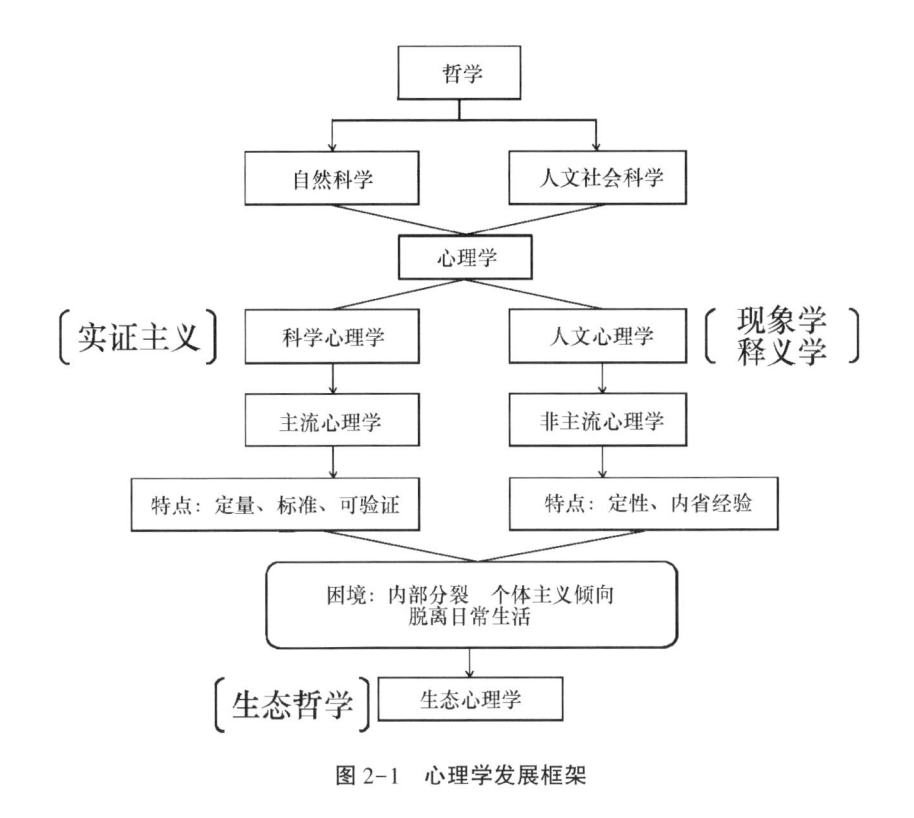

图 2-1　心理学发展框架

---

① 转引自秦晓利《生态心理学》，上海教育出版社2006年版，第60页。

三 生态心理学研究方法的革新

科学观即研究方法论及方法的转变是化解主流心理学发展困境——分裂的一个关键。生态心理学试图将现代心理学中经典自然科学范式下的程序化、量化、标准化、可验证的研究方法,与人文心理学中真实环境条件下的阐释分析方法相结合,形成多元研究方法体系。这一体系体现了心理研究对主体认知与发展规律的要求,是心理学研究范式的根本性突破。

生态心理学以日常生活中人与环境的交互关系作为研究对象,凸显了"人与环境"关系的重要性,以及心理现象相互依赖的作用,认为人的心理和行为不可能完全与其所处的环境截然分开。在心理学研究态度及研究方法上,生态心理学提倡一种民主开放的研究态度,主张依据研究的目的和问题灵活采用各种方法,并提出生态动力论、生态效度检验、人与环境交互作用等观点来修正科学心理学方法论的缺陷与不足。

经典自然科学赖以维系的基础假设同它所处的时代、生产发展水平以及人们对自然的认识程度都是一致的。[①] 以此来看,其发展水平与研究对象的选择也是一致的。研究方法源于基于基础假设的研究对象认定。基础假设的思想内核决定了研究对象的性质和范围,并对应适配的研究方法。现代心理学把自身定位于科学,并以实证主义哲学思想为基础,注重标准化和科学可验证性,排斥一切形而上的现象分析,所以人文心理学也由于不可验证性一直没有得到相同的重视和认可。现代心理学的方法论研究以个体主义为代表,注重严格的实验室标准化研究,忽视心理和行为产生的文化背景和社会影响,主张从个体内部探求行为的原因,试图从个体本身来解释心理和行为。就西方社会文化的特点分析,个体主义是西方国家的文化基础,而心理学研究对于个体研究的注重也恰恰是源于个体主义文化的社会环境。本质上反映了人的行为和心理与社

---

① 叶浩生:《当代心理学的困境与心理学的多元化趋向》,载秦晓利《生态心理学》,上海教育出版社 2006 年版,第 6 页。

背景、文化传统之间的关联性与继承性。但研究者并未自觉意识到这一点,也未发现研究偏向性中隐含的缺陷。一般情况下,方法只适用于一定范围的对象,解释问题的一个方面,如量化的科学方法可以解释标准的条件和因素,而质化的研究则在心理体验方面具有自身优势。心理学的研究对象实际是人与环境相互作用的经验世界,需要从个体到整体的整体性研究,质化与量化的结合才能对整个心理环境有正确而全面的解释。心理学的学科建设也应当具有生态主义的视角,应当对科学与人文、定性与定量、行为观察与内省分析等有差异性的研究取向和方法兼容并包。因此,所谓生态主义的心理学,意味着在对人的内在心灵世界的认识、对心灵世界与其存在环境的关系的认识,以及探索心灵世界的方法三个方面都体现出生态的思想。[①] 所以,心理学的研究需要在一个共同的思想基础和规则上,形成一个多元、互补的科学观和方法论。于是,生态心理学的研究方法论应运而生。

生态心理学与科学心理学的研究方法存在差异,可以从方法论和研究方法两个层面进行分析。一般意义上的研究方法论有三个层次。第一层是哲学层次的方法论,是学科思想理论的基础。主流心理学以实证主义为其哲学方法论。第二层是一般科学方法论,这是哲学方法论到具体研究方法之间的连接。第三层是具体的研究方法,是特定科学专门使用的方法。主流心理学讲求科学实证方法。哲学方法论是一般方法论的基础,而一般方法论则决定了具体研究方法的选择与运用。生态心理学的研究方法论也是基于上述三个层次,尽管生态心理学的哲学基础构成较为复杂,但从其产生渊源、影响程度及关联密切度来看,该学科应以生态哲学作为方法论基础。而一般的科学方法论体系中,生态学方法则占据主导地位。

生态心理学的研究方法体系,由生态哲学的方法论基础与生态学的研究方法,以及具体的研究方法构成。在一般方法论层次上,它与主流

[①] 訾非:《走向生态主义的心理学》,《北京林业大学学报》(社会科学版) 2014 年第 2 期,第 1 页。

和非主流心理学都存在差别，其特点体现在以下几个方面。一是强调自然情境的研究。实验室可控变量的研究是科学研究的特点和主要研究方式，但使心理学的研究脱离了真实生活，人的心理中生物机能的部分可以通过实验的刺激还原方式来研究，但社会文化的部分就必须要联系真实环境去研究，脱离环境的研究不能反映真实的心理和行为。生态心理学强调走出实验室，在自然情境中的研究可以完善心理学的研究方法。二是讲求生态效度。这是强调自然情境的一个科学性补充。自然环境的研究并非纯粹的观察和描述，它注重在真实环境中开展限定范围的实验性定量研究与标准化研究，这体现出生态心理学研究方法的科学性，而生态效度也应该成为心理学研究的基本理论维度。三是方法的多元化。生态心理学的研究对象是人与环境的统一整体。这一整体是包含多元素、多层次单位交互作用的系统整体，体现出主体与环境关系的多样性。

这个体系中，具体的研究方法是生态心理学对心理学研究整合的一个贡献。其具体的运用自然观察法、实验法、测量法和档案法对实际环境中的对象进行分类的针对性的差别研究，讲求环境的真实性和研究的科学验证性。将主流心理学较为严格的科学定量方法与非主流心理学观察分析的方法相结合，倡导一种方法多元化的研究发展趋势。对此，巴克的理论对该解释做了很好的说明：不同的方法适用于心理学研究的不同过程与阶段，因此它们之间是不矛盾的。

四 生态心理学元理论解析

生态心理学初期的研究，也存在对世界观问题探讨的缺乏。随着研究的深入及对研究对象认知的逐步拓展与整合，生态心理学改变了原有研究格局。它以生态哲学为思想基础，通过对具体研究对象的观察与分析，逐步归纳出内在相关的理论假设。这些理论假设构成了生态心理学的元理论。对元理论的深入研究，能让我们进一步了解和把握生态心理学的本质，并从其所倡导的整体性思想入手去理解研究对象。

生态心理学的元理论核心包括生态世界观、生态人性观和生态心灵观。三者虽相互独立，但内在体现出一种关于人对世界的认识体系构成，即对世界的认识、对自身与世界关系的认识,以及对自身及其发展的认识。

(一) 生态世界观

生态世界观是人对世界的整体看法和基本观念。它将世界视为相互联系、相互依赖、运动发展的、有自身的层次与结构的世界观。[①] 这是在吸收现象学、进化论、现代物理学与生态学的理论思想之上形成的。生态学的世界观体现的是对生态系统的整体性、系统性的理解与思考。这个系统是一个包含物理因素和有机体的复合体。生态世界观的基本认知是世界的整体联系性。这可以从三个层次进行分析:一是世界内部的各构成因素是普遍联系并相互作用的,使其形成一个和谐的有机整体;二是世界整体中的各个因素关系与构成是有层次和等级的,它们形成有序的组织,并体现自身功能;三是世界是运动发展的,表现为时间与空间上的连续性和整体性。邓拉普(Riley E. Dunlap)指出在生态世界观中,始终贯穿两个主体:一是一切现象之间的相互关联和相互依赖性;二是现实和宇宙的本质是运动的。这打破了传统的结构主义对事物的认识,结构并非独立存在,而是事物发展过程中的表现形式。生态世界观中所包含的人对世界体系的认识,奠定了人对自身认知的宏观环境和基础。这也是本书所涉及的主要思想观点。

(二) 生态人性观

人性观的形成建立于人作为世界中的一个组织部分的认知前提,所以世界观也决定了对人的看法。这经历了一个人性哲学的发展过程,即从机械唯物论中的机械性到进化论中的人性和生物性,再到社会性,然后是深层生态学中超自然的自我性。生态人性观反映的是人对自身属性,以及人对世界的具体位置和环境关系的认知过程。

一般情况下,人性的研究基本从两个维度进行分析。一个维度是人的本质属性。关于人的属性的认识,已经形成了共识,即人的自然性、社会性和超自然的自我几个层面。另一个维度是关于人性的价值取向的

[①] 秦晓利:《生态心理学》,上海教育出版社2006年版,第13页。

定位。本书着重讨论的是第一维度的属性。生态人性观的构成是基于人的属性发展和环境关系的假设。这里包含以下几层意思。一是人的动物性与人性的关系探讨。这是主流心理学研究的一个依据和线索。生态人性观将人与动物视为自然环境的一个环节,它们区别于植物和无机物,相互之间又有复杂的交互作用。生态心理学将人与动物与其存在的环境看作一个整体,人与动物所面对的环境是相同的。心理学的不同学派对人性特点的不同假设形成了人与动物心理的理解差别和不同的理论,但均具有局部性和片面性。对人性的理解和本质的定性,需要考虑人所存在的大环境的影响。对人与动物之间关系的认知进行整体性和过程化的解读,是归纳人性本质特点的过程。二是人的社会性。人与社会的关系本应是心理学研究的主要方面,却因为传统心理学的研究取向而未得到重视,甚至被排斥。人的社会性是在环境关系的变化中逐步发展的,体现阶段性。社会是人类的主要生存环境,人的心理和行为是对社会环境作用的一种反映。因此,关于人的社会性与社会的关系,更能体现出整体性的观点。三是人与环境的关系。生命科学的传统观点将自然描述为一系列由物质实体组成的静态链条,其最高点是精神实体;而人类作为精神与物质的统一体,处于该链条的中间位置。进化论带来的观点是,自然世界是自然实体在相互依存的网络中共同进化的动态领域。自然实体的结构和功能特征以及共享的相互依存性,反映了它们正在进行的相互影响的历史。[①] 传统心理学的哲学基础和具体研究一直将人与环境视为两个对立的方面,所以形成了内部的分裂;生态心理学则将两者统一,从环境的影响中研究人的心理变化和发展。这是对传统心理学的一种整合与超越,标志着心理学研究的新定位与新发展。

(三) 生态心灵观

生态心灵观反映的是人的心理与世界体系中相关元素之间的互动关系。心灵一直是哲学研究的一个重点和难点,对心灵的性质认定也是科学发展的主要方面。作为心理学研究的一个重要前提假设,心灵的意识

---

① 车文博:《西方心理学史》,浙江教育出版社1998年版,第303页。

转化使科学研究成为现实，但心灵的哲学意义和社会文化意义则被忽略，这导致了传统心理学研究的片面性与困境。学界对心灵的理解存在外在化与内在化的两种倾向。[①] 内在化的理解是把心灵看作实体，外在化的理解则将其视为一种意识功能，是心灵与外部世界的联结。生态心理学元理论对心灵的理解，体现在心灵与环境的内在关系中，认为心灵是有机体与环境相互作用的统一体。其中蕴含着人与动物的共通性。但笔者认为，心灵的内涵更主要体现为人的心理与环境之间的连接、互动和适应过程。这一过程既形成特定的心理活动模式，同时也是动态发展的。它虽体现出人与动物的关联性，但心灵对于人的意义与动物的意义存在本质差别。生态心灵观体现了生态心理学对心灵的认知具有联系性与整体性特征，这与其对世界和人性的假设是一致的，它们共同构建了生态心理学的元理论，对心理学的整合发展有积极的推动作用。

生态心理学理论以元理论为基础和核心，通过研究领域的拓展及研究内容的深入逐步形成并发展。目前，主要包括："行为—背景"理论、知觉理论、生态系统理论和生态自我理论。理论之间相互独立却有着内在的本质联系，构建出生态心理学理论体系的框架。

五　生态心理学理论适用性分析

生态心理学对于组织冲突研究的适用性可以从其哲学思想、研究对象的内涵以及研究方法性质中找到对应关系。从这些内在联系的阐释分析中可以发现，生态心理学理论对于组织系统研究的适用性，有超越传统研究理论与方法的优势。

（一）中国哲学思想与生态心理学的内在联系

中国传统哲学及心理学所蕴含的"天人合一"思想，即反映出"人与环境"整体化的关系思考，这与生态心理学的哲学思想在一定层次上是相通的。中国哲学与生态心理学思想的联结过程，反映出西方文化与中国文化的差异和融合。中国哲学传统与现代西方思想在世界观、人性

---

① 秦晓利：《生态心理学》，上海教育出版社2006年版，第109页。

观和思维方式等各个方面均存在差异，这源于中西方在与环境互动过程中所形成的文化差异。中国传统文化所体现的是集体主义，而西方的很多国家的社会文化以个体主义为主。它在很大程度上决定着人的文化特征、思维和行为方式，所以也就不难解释中西方哲学思想的差异问题。①

中国哲学中的一个重要思想主题——"天人合一"所研究的就是人与天（自然环境）之间的关系与协调过程。其关注的核心是人生命、生存的结构与自然的对应和相互作用关系，在探索过程中寻找一种内在统一性。它的本质是一种生命哲学。从思想基础到研究对象和具体的研究方法中，都蕴含着一种人与自然和谐一体的关系思考和认识表达。中国哲学关于"天人关系"的思想探索早在2000多年前的先秦时期就有很多相关的阐述，其中蕴含着生态心理学所表述的元理论精神。《周易》中就将人与天的关系分成天、地、人三层，或天道、地道、人道"三才"，"三才之道"合而为一，构成中国古代宇宙观中"天人关系"的核心体系。其内涵为，宇宙万物由天道、地道、人道三个既具层次差异又相互依存的系统构成。先秦儒家代表人物孔子、孟子、荀子虽未直接沿用《周易》"三才"的概念表述，但其思想体系中蕴含着对"天人关系"的深刻认同，与"三才之道"存在内在逻辑的相通性。他们主张"天人合一"的生态心理思想，并把它作为处理人与自然关系的最高境界和主导思想，其核心思想可概括为"敬天以仁的天人一体""天人同诚的共生共荣""制天命而用之的法则自然"三层含义。② 这一思想深刻体现了人与天地在本质上的整体性——二者本为不可分割的有机统一体，既相互依存、和谐共生，又共同遵循以自然规律为根基的运作法则。这一理论构架构成了中国哲学思想的重要根基，凝聚着先哲对人与自然关系的根本性认知，即在辩证统一中追求和谐发展。中国文化价值中蕴含的集体主义精神体现为，以集体关系为核心，对集体关系的依赖与关注，以及对整体性协调的内在心理需求。中国哲学思想中的研究对象、理论内核与

---

① 秦晓利：《生态心理学》，上海教育出版社2006年版，第54页。
② 侯广彦：《先秦儒家的生态心理思想探微》，《青海师范大学学报》（哲学社会科学版）2016年第1期。

方法论体系,与生态心理学的理论架构之间存在广泛的对应性与内在关联。两者在基础思想上有着内在的紧密联系。生态心理学是人与环境关系研究在特定阶段的一种新的融合与发展,以其理论对中国组织和组织问题的研究,具有思想与环境的统一性。既可以从中国传统文化背景出发理解其中的组织系统、把握真实环境中的组织特点,也能从整体性视角对其心理和行为展开科学性研究。

(二)研究对象与复合组织的内涵对应关系

复合组织作为组织与环境关系作用发展形成的一种形态,其本质是一个立体的、多层次和运动的开放系统,包括以下三个层次。第一层是基础层,即组织成员的个人背景以及个体之间的关系,背景包括个体的文化、经历、个性等。第二层为组织内部的群体关系层、群体子系统,包括群体层次中群体之间的关系,以及群体文化与物质的关系。第三层是整个组织系统,包括不同层次主体的互动关系,以及外部环境的互动。三个层次间相互支撑、相互依赖,通过行为互动的方式实现文化交流与组织整体构建(见图2-2)。

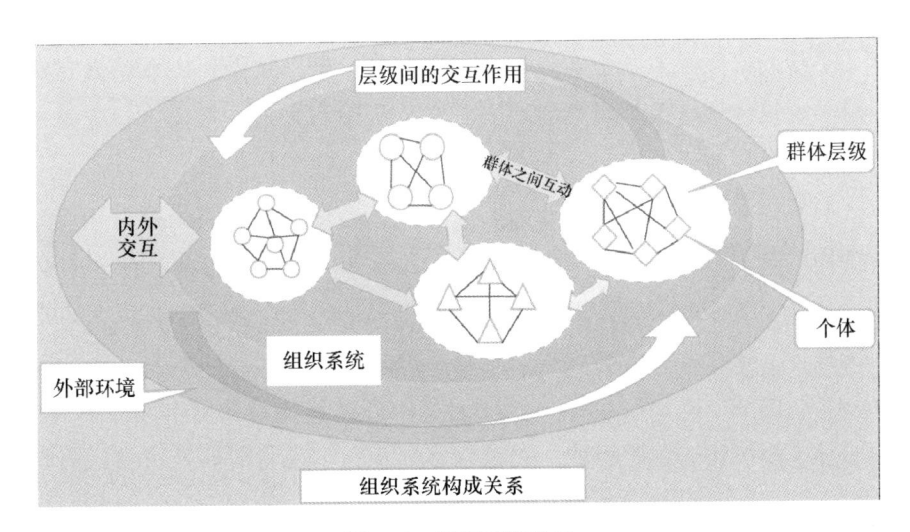

图 2-2 组织系统关系

如前文所述,生态心理学的研究对象是人与环境关系的统一体,是一个现实生活的经验世界。它包括不同层次和元素主体之间的作用关系。而组织作为一种人群的组合形态，也是人与环境关系中的一种范围主体。在性质、形式和动态的发展内涵上，都与生态心理学的研究对象具有统一性。从其性质来看，组织是人的一种关系体，也是存在于特定的自然和社会环境中，因具体环境的差别而体现出不同的特点。这是组织与环境联系并相互作用的体现，体现出组织与环境的统一性。从形式上看，组织内部又分为不同的个体与群体，个体和群体之间形成相互连接、相互作用的层次化的网状关系系统。组织的本质也是一个特定范围内的关系整体，这体现的是组织的整体性。从动态的发展内涵来看，组织是一个内部自身与外部环境都同时相互作用发展的开放系统。它的发展是一个与外部环境互动适应，同时内部自身分化整合的动态过程。这与生态心理学的研究对象的整体关联性、开放性和动态本质也是对应的。所以，运用生态心理学的理论对组织和组织冲突进行研究，将保证组织系统研究在整体和深度上都有一个新的发展。

（三）组织的复合性与生态心理学多元化研究方法的对应

组织应对环境变化的发展需求，以及理论研究的深化，均决定了对组织系统的研究必须基于实际环境的观察与分析，且需要多元研究方法相结合。这体现出组织研究对象发展对方法论和方法的新需求，也是一种生态化发展的趋势。

对具体对象的研究需要适配的研究方法，且任何具体研究方法往往只能反映特定问题的某一侧面。因此，复杂问题的研究需采用针对性的多元研究方法。这是由具体的研究对象决定的。组织作为一种人与人群的关系体，在社会发展的过程中越来越细化和复杂化。面对复合组织的新形态、内涵，以及性质变化，理论及研究方法也需要有相应的发展。复合化、系统化的发展趋势，要求以多样化、多元化的研究方法，有针对性地开展系统研究。生态心理学所提倡的多元化研究方法，主张对实际环境中主体对象进行系统性研究。生态心理学研究对生态效度的要求，是根据主体的不同特点和阶段特征采用适宜的研究方法，包括定性、定量和综合性研究。这适用于对组织的复合形态的质化和量化相结合的综合性研究。本书中的乡村村寨景区即特定自然地理环境中，乡村群体与外部社会经济环境相互作用形成的复合式组织系统。乡村群体与自然生存环境互动过程中形成的组织系统和多元文化，需要生态心理学的多元研究方法。大尺度的社会问题无法通过实验室的抽象研究实现，因此必须以自然环境中的组织为实际观察对象，并运用注重生态效度的研究方法。这样才能保证研究效果与结果的真实和科学性。这是对以往研究方法的提升，也体现出生态心理学对于组织系统研究的适用性。

第三章 复合组织分析框架构建及冲突体系分析

本章基于此前对乡村村寨景区组织冲突的本质与内在联系的研究，运用生态心理学的整体性、联系性思想，对复合组织系统及其冲突展开分析，进而构建复合组织分析框架。复合组织分析框架以组织的"人—环境"整体系统为研究主体，以生态心理学的哲学思想为理论基础，旨在分析新环境关系中的复合组织。从属性、形态、内部结构及层级关系等维度进行系统分析。通过组织系统关系与冲突的内在联系分析构建其冲突体系，进而探寻复合组织功能实现的途径与环境适应发展机制。

第一节 复合组织的界定与内涵分析

组织作为社会环境构成的基本单元，其变化发展与社会系统变化相对应。社会环境的关系发展过程中，组织也体现出复杂和复合化发展趋势。组织研究的主体的外延和内涵发生了变化，原有的组织概念中所包含的内容已经不能涵盖和解释现有组织发展的形势。我们需要深入探讨组织的基本共性并研究其运动规律，以把握组织这一元素的发展本质，以应对其不同的形态和问题。

一 复合组织的定义与分类

组织分析框架的研究主体是阶段性发展环境中的"人—环境"整体关系体,聚焦于其心理模式与协调关系,对应的是"人性"本质的演变逻辑,即从"简单人—经济人—社会人—复杂人"的递进发展。其存在形式是人的群体和组织,研究的方式是横向范围的关系与纵向的时间发展系列。这是组织研究对象在生态心理学整体思想下的拓展与统一。

框架研究的主体按照属性与环境的关系可划分为单属性组织和复合属性组织。

(一) 单属性组织

单属性组织是组织研究中的基本主体,以特定范围环境中的单一属性组织与其关系环境为研究对象,以自组织内部层级关系构成与外部环境作用构成一个环境关系系统。单属性组织是组织体系构成的基础单元,是"组织—环境"关系的第一层主体。它存在于任何社会环境中,是社会生态系统的元因子,也是复合组织发展的基础主体,与环境的关系体现为介入与被介入的互动关系。环境决定组织的特点,并形成差异性本质。

(二) 复合属性组织

复合属性组织以生态系统的构架为基础,它是单属性组织与环境或其他组织系统交互作用的产物。其组织关系包括单属性组织之间、单属性组织与复合属性组织,以及复合属性组织之间的交互作用关系。复合属性组织的主体是"组织—环境"的整体关系,其中还包含环境交互过程中自身形成的子系统。复合组织("复合属性组织"的简称)的各关系主体、子系统之间相互联系,有机结合。这个关系涉及环境范围内主体的确定,以及其他介入组织或者环境的互动和适应。组织之间的作用关系本质上是基于差异化环境体系的互动、协调与适应,这是组织运行发展的重要基础。它反映组织环境系统之间的能量交换过程。复合组织处于动态发展的环境中,其存在反映了社会系统的变化。"这种动态的环境由一定数量的其他系统组成,这些系统有的比组织大,有的比组织小。

环境通过不同的方式对组织和子系统提出需求与限制。"[①] 这就是分析框架研究的主体组织。

二 复合组织的结构分析

(一) 组织物质结构及复合性

组织结构作为一种组织的构成形式，是组织的外部形态，体现层级和内部的连接方式与关系层次。一般的单属性组织结构可按实际构成分为机械式结构和有机式结构（见图3-1）。复合组织的结构由单属性组织结构发展而来，由于组织组成主体的差异，更体现出不同性质的组织结构的聚合（见图3-2）。

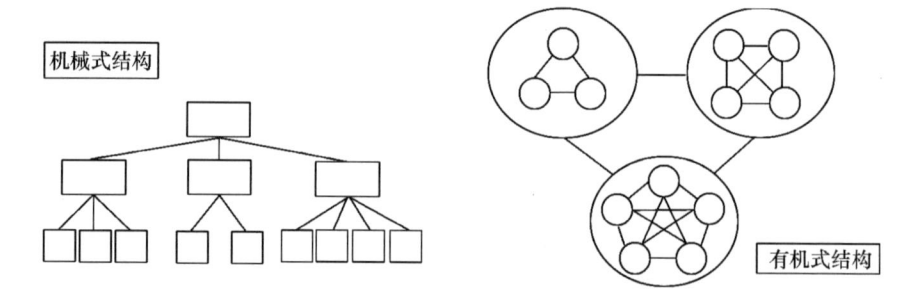

图 3-1 单属性组织结构类型

具体从以下几个方面分析组织结构的复合性。一是复杂性。从物质形态与属性分类来看，组织结构是一个立体的结构，并且会因组织规模大小而存在差异，这与生态系统内部的组织层次性是一致的。组织的结构一般分为水平分化、垂直分化和空间分化三种。以此为基础，又依据其属性可以分为机械式结构、有机式结构和功能型结构等。它反映的是组织的性质、目标和功能。无论其分类属性如何，结构的内涵即是各个

[①] [美] 埃德加·沙因：《沙因组织心理学》，马红宇、王斌译，中国人民大学出版社2009年版，第226页。

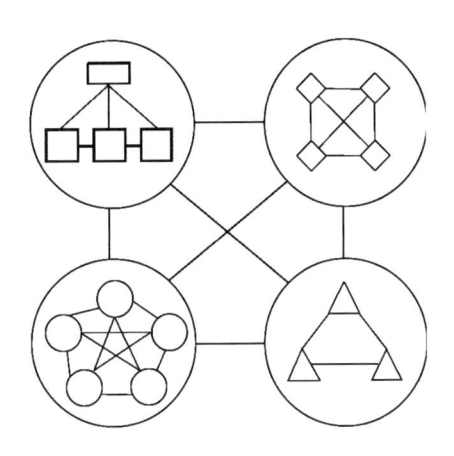

图 3-2 复合组织的结构

联结部分的相互作用和协调。二是与外部环境的联系方式。组织结构既是内部元素的联系方式，直接反映内部的作用关系，同时也与外部组织所处的环境关系相对应。外部环境的变化对组织的影响会反映在结构的变化上，当然组织自身的应变能力和问题解决效率也都是影响组织结构变化的因素。面对现阶段社会的复杂化形式，组织结构与外部的联系方式都从原有的简单结构逐步向网状联系方式转变。这与生态系统中各子系统的相互作用与影响的过程是相通的。

(二) 复合组织结构的特点

在早期的组织研究中，组织结构被视为组织既定目标的设计结果，即结构由组织的属性和目标功能决定，其功能是实现组织资源的有效配置与管理运作的效率。这一观点强调领导层的意愿和决策手段，也体现出组织构成中的主观环境因素。组织结构作为组织的物质形式，其本质是一种分工和功能的协调。沙因的组织定义中，对组织内部职能分工、职权层级的诠释包含了结构的含义。结构一度是心理学研究的主要对象和认知方式，这基于对人性认知的"稳定不变"思想基础。

在生态世界观中，现实世界是一个不断运动发展的整体，而结构不再被看成基本的东西，是一种基本过程的表现形式。① 结构和过程也被认为是一组相互补充的关系。而在社会环境发展的过程中，组织的结构也由于组织与环境的联系密切与复杂化，不再是主观的决策行为，而是为适应和协调环境关系服务的物质存在形式。组织的目标与功能在与环境的互动、协调、适应中不断变化，体现复合化趋势。以经济效益为主的效率不再是组织发展的唯一目标，组织内的人、群体关系，以及组织所关联的社会、文化、生态等因素，都成为组织系统的关系环境，进而促使组织结构呈现复合化特征。

复合组织的结构特点在于组成主体之间的文化背景差异、有机联结方式、互动作用过程，以及各层级之间的协调关系反映。其中联结方式根据关系主体在环境中的功能作用体现其生态位关系。复合组织自身可视为一个生态系统，其组织形态结构与自身系统的关系相对应。其中的组成主体因其作用功能差异，各自具有其对应的位置，并与其他主体之间形成有机联系。具体方式有领导关系的序列式，有合作关系的联合式，以及互补关系的互惠式。它们所体现的组织主体之间的交互作用程度和能量传递方式是不同的，对复合组织的协调发展作用也不同。组织结构中各主体的生态位不是固定不变的，它会随组织系统与环境的关系变化而发生调整，以适应新的环境关系。

三 复合组织的内涵解析

从现有组织的定义来看，无论是社会学倾向的：组织是两个人以上以一定方式有意识地联系构成，为了共同目标按照一定规则从事活动的群体或社会单位；还是企业管理倾向的：为了实现共同的、明确的目标，通过劳动分工和职能划分，通过权力和职责层级，对若干人的活动进行有计划的协调。② 这些定义中包含以下内容：一是人群的构成，二是特定的结构和规制。三是明确的共同目标。虽然领域的侧重点和突出的特点

---

① 秦晓利：《生态心理学》，上海教育出版社2006年版，第96页。
② [美] 埃德加·沙因：《沙因组织心理学》，马红宇、王斌译，中国人民大学出版社2009年版，第14页。

有差异，但都是基于这三个层次的构架。如果以现阶段组织发展的形式来看，它们所描述的是组织的一种状态本质，未能反映组织作为一个开放的系统，横向与环境的交互联系，也没有从时间纵向反映组织形成、发展或者消亡的动态过程。从生态整体的视角来看，需要以人与环境的联系方式和发展为线索进行更加深刻而全面的诠释。

组织是人与人群的一种关系构成。人是主体，人与环境的关系也是主体，这两个主体是人的关系发展的不同范畴，都是伴随对人性的认识来拓展的。作为整体环境中的一个构成部分，人是通过与环境的互动关系来认识自我的，关系拓展决定对于人性复杂化的认识。组织作为人的群体关系形态，与人本身一同发展变化，犹如生态系统中的生命体，经历形成、发展、成熟、衰落直至消亡的过程。不同的是，组织不一定经过所有的阶段，有的组织可以将成功的精神在不同的时代一直延续，即便是不同的人员构成，但组织的文化和精神依然存在，这是组织的交替过程。另外，组织还是一个开放的系统，它与其他组织系统、环境体系不断产生联系作用，进行能量传递与交换，并在此过程中协调、应对变化。复合组织本质就是组织与环境交互作用的一种阶段性发展形态。这体现生态系统中的生命体更新与发展状态。就个人的发展而言，人融入组织或在组织中成长的过程，也是一个适应组织文化并被组织文化"社会化"的过程。[①] 而复合组织的形成发展，则是来自不同背景中的组织主体相互作用、融合，并适应新社会生态系统的过程。不但需要明确组织内部主体间的联系，也需要联系环境的影响作用，从而构成一个与环境相协调的组织生态系统整体。在这个整体中，我们可以从时间和空间的联系来判断自己的位置，并把握发展的方向。至于组织的结构和规制，所反映的是组织内部不同层次构成和功能作用的协调方法，这也是与生态观的整体观念和系统性相对应的，而组织的共同目标则体现出组织与环境互动的一种意志。复合组织的目标往往是一个体系，这源于构成主体

---

① ［美］埃德加·沙因：《沙因组织心理学》，马红宇、王斌译，中国人民大学出版社2009年版，第19页。

的差异。它体现的是不同层级主体的特点与关系，通过组织内部关系的协调，与外部环境的互动来达到不同层次主体在此阶段的关系协调。由不同层次子目标的达成，协调发展促进更高层次整体目标的达成。这里面包含组织对自身系统整体性和内部层次差异性的认识、对与环境关系的认识，以及有意识的调整行为。

第二节　复合组织的内部系统分析

一　组织心理环境

（一）心理环境的定义与内涵

心理环境是一种人与环境在时间发展和空间范围拓展交叉构建的，存在于机体内部复杂的心理构成。它既包含生理和心理属性，又体现出环境的作用效果。苏世同认为，"环境作为一种'对人的心理事件发生实际影响的环境'（朱智贤），无疑是一种以观念形式表现出来的环境。这是一种在客观环境的作用下，通过主体对客观环境的内化、整合，在一定心理时空表现出来的、对主体心理行为产生实际影响的观念环境"。[①] 这里的环境指的是一种心理意义上的环境，它反映人的心理与环境的交互作用。人的心理是一个在与不同环境或事件互动过程中不断累积构建的系统。它有其自身的结构和关系特点，它是面对动态环境的基础，但又处在一个变化过程中。它是被觉知到的、被理解到的、被创造出的环境。心理环境是对人来说最切近的环境。[②]

心理环境的概念来源于格式塔心理学对人与环境关系的"场理论"的发展。其认识的基础即生态观的整体理论。考夫卡和勒温等"把环境或个人看作一种整体的存在，任何具体的心理和行为事件都在这个整体

[①] 苏世同：《心理环境论》，《吉首大学学报》（社会科学版）1999年第4期。
[②] 葛鲁嘉：《从心理环境的建构到生态共生原则的创立》，《南京师大学报》（社会科学版）2011年第5期。

的制约下发展和变化",① 并构建了一个以"场理论"为基础的心理学理论体系,对心理环境展开论述。这里的心理环境是以个人为主体的心理环境,它由人的心理场、物理场、生物场、社会场等的相互作用构成。这是心理学研究中较早的有生态思想认识倾向的研究,与传统的脱离式研究相区别。心理环境属于生态心理学研究对象的一个基础范畴。在生态哲学逐步影响心理学的过程中,心理环境的内涵被更加强化:从时间和空间的立体发展中,整合为一个"人—环境"的关系整体。同时,主体内部到外部都层次化发展。这也一定程度上证实了葛鲁嘉对心理与环境的共生过程的判断:"心理与环境就是共同的变化和成长的历程。"②

从生态心理学的研究对象来看,生态心理环境,即生态观下的心理环境,是其研究的一个核心内容。生态心理环境有两层含义:内部的各个层次(子环境)之间是一个相互联系、相互作用、协调发展的整体;整体内部心理环境与外部的客观环境也是一个互动发展的整体。内外的两个系统相互作用,通过适应协调达到动态平衡,它们共生发展。生态心理环境包括个体和群体的心理环境,而组织心理环境就是与之相对应的一个局部的范畴,其构建则可以从个体环境关系的基础出发,进一步发展和研究。

(二) 组织的心理环境构成

组织由个体构成,但组织心理并非等于个体心理之和。组织心理是个体心理环境之间,以及个体与群体心理环境相互作用形成的环境场,即组织心理可以视为一个各关系层次主体心理场的体系,他们之间相互联系、相互影响并相互构建。所以在研究群体和组织心理的过程中必须要考虑个体的因素,但更重要的是要以组织的关系构成特点为基础来研究组织的心理环境。

组织心理环境是成员在实现共同目标的活动中,由组织内部各层次个体、团体成员之间与外部环境之间相互作用积淀下来的、具有共同心理反应的、使群体成员都能感受到的组织心理环境。组织的心理环境是

---

① 朱智贤主编:《心理学大词典》,北京师范大学出版社1989年版,第57页。
② 葛鲁嘉:《从心理环境的建构到生态共生原则的创立》,《南京师大学报》(社会科学版) 2011年第5期。

一种组织内部层次间的相互作用与外部环境作用共同形成的环境体系（见图3-3）。

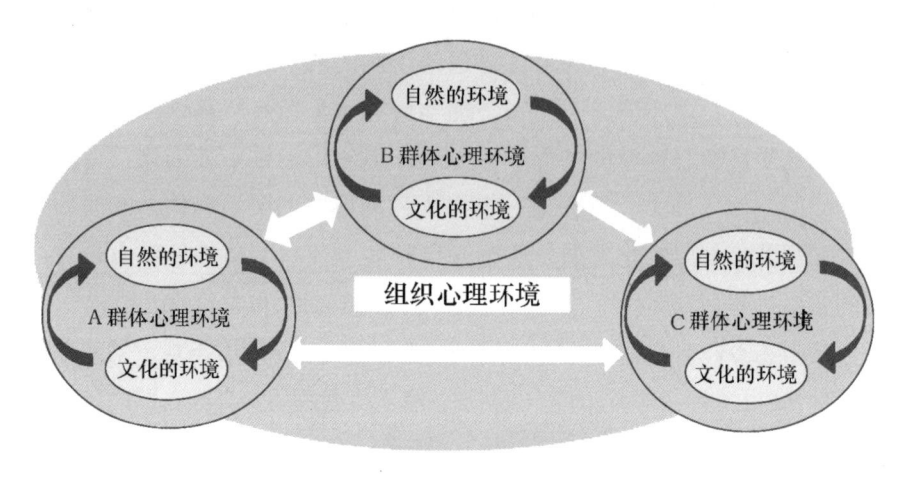

图3-3 组织心理环境关系

组织心理环境是一个复杂的观念环境，它由个体心理环境所影响并构建，是一定程度共识基础之上的主体层次心理关系。表现为一定的行为模式，即组织心理活动模式。组织心理环境存在的一个重要条件是它的整体性。它是组织成员在实现共同目标的行为实践活动中，通过模仿、暗示、顺从等心理影响，使成员出现行为趋于一致时组织内群体的行为模式（行为规范），这是内部整合过程。从外部关系来看，组织整体在与外部环境的互动实践过程中也实现交互的影响和构建。所以，组织的心理环境是一个内外环境的交互构建过程，体现其动态性和发展性。

二 复合组织的内在结构——文化体系结构

文化是人与环境互动适应的过程积累，包括心理的变化冲突到适应协调转化形成的内部系统，以及外化行为的物质系统，体现发展性和阶段性。它是一个物质与精神的统一系统，这体现人与环境的生态性关系，是生态心理研究的主要对象。组织文化的形成也是一个相同的过程，不过它更体现一种人群范围的内部层次关系的联系与环境的互动作用。它存在于组织的各个主体,也贯穿组织形成和发展的全过程。"总的来说,我们可以将文化视为某特定团体对共享学习的积累,涵盖团体成员总的心理机能的所有行为、情绪和认知的元素。要使这种共享学习发生,必须以曾有共享的经历为基础。反过来,共享学习的发生,也就意味着团体成员具有一定的稳定性。基于这种稳定性和共享的经历,人类对稳定、持久和意义的需求会促使不同的共享元素整合成一种模式,并最终形成文化。"[①] 文化通常是一种集体现象,因为它至少部分地被现在或过去生活在相同社会环境中的人们共享,而这种社会环境正是人们习得文化的地方。每个社会群体或者社会分类的成员都会持有一套共同的心理程序,这套心理程序构成了这些人的文化。有研究把组织文化看作一个集体心理的编程过程,组织或者群体的成员就依靠这些集体心理程序所构建的组织文化来寻找归属和区分他者。[②] 安宇在对中国文化的研究中提出,如果把文化整体看作一个立体系统,它的最外层是物的部分——物质层面(基本构成,即衣食住行等,是有形的外在事物);中层是心物结合部分——心物层面(如法律、制度、习俗等);深层是心理部分——心理层面(包括价值观、思维方式等)。[③] 组织作为社会构成的基本单位,其文化是一种社会文化在特定主体范围的反映。组织文化也是一个与社会文化对应的立体系统。物质层面即组织的名称、目标、结构的构成;它的具体形态是与组织文化的阶段特点相适应的,反映的是组织文化体系与环境交互作用的适应情况。从组织运行发展的情况来看,组织物质结构会随着组织文化的发展而相应调整,最终达到组织目标实现的有效性。中间层面的规制、制度、关系连接方式,是组织所运行的规范系统。深层的心理部分,即组织的价值观、意识和组织性格,这是组织文化的内核,也是行为和规范的源头。具体到本书以乡村村寨为主体的复合组织,

---

[①] [美]埃德加·沙因:《组织文化与领导力》,马红宇等译,中国人民大学出版社2011年版,第13页。

[②] [荷]吉尔特·霍夫斯泰德、格特·扬·霍夫斯泰德:《文化与组织:心理软件的力量》(第二版),李原、孙健敏译,中国人民大学出版社2010年版,第4页、第11页。

[③] 安宇:《冲撞与融合——中国近代文化史论》,学林出版社2001年版,第9页。

也存在一个与之相对应的体系（见图3-4）。

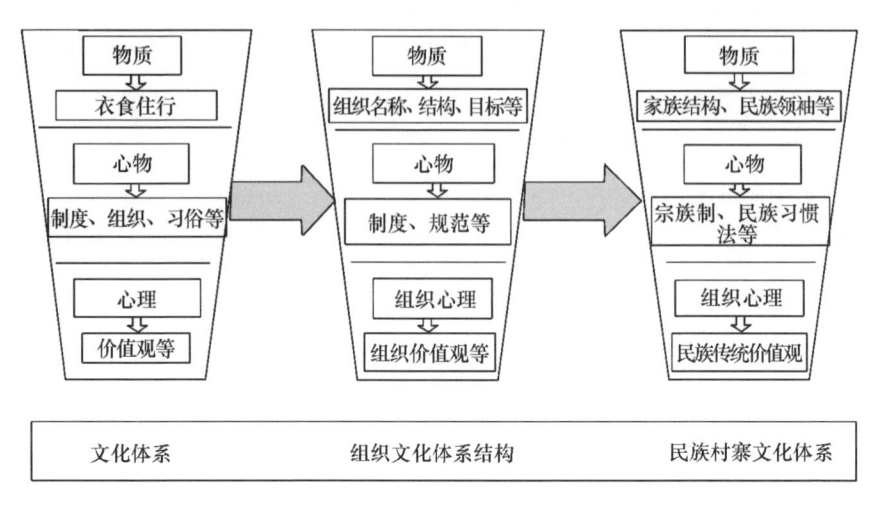

```
文化体系          组织文化体系结构        民族村寨文化体系
┌─物质─┐         ┌─物质─┐              ┌─物质─┐
│衣食住行│   →    │组织名称、结构、目标等│   →   │家族结构、民族领袖等│
│─心物─│         │─心物─│              │─心物─│
│制度、组织、习俗等│       │制度、规范等│              │宗族制、民族习惯法等│
│─心理─│         │组织心理│              │组织心理│
│价值观等│         │组织价值观等│              │民族传统价值观│
```

图 3-4　组织文化体系

前文对组织文化体系的分析，是基于某一层面的组织范围界定的基本文化构成层次体系。对于规模大、内部构成比较复杂的组织，如复合组织，不能以单纯结构关系来分析。它的内部可能存在很多相互关联的亚文化系统，在这样的系统中，能够对组织发展产生影响的因素也更为复杂。应该从其整体性出发，考虑其各个主体之间的关系，进行系统化的研究。

三　复合组织文化体系的内涵

组织文化体系是由具体的层次（心理—心物—物质）所构成的，这一构成系统也反映出组织活动的过程本质：组织与生存环境（包括自然与社会）联系并作用的关系表现模式。这是组织文化的基本构成体系。不同规模和属性的组织，虽然在具体的主体关系与联结方式等物质形式上存在差异，但基本的文化系统构成是相同的。

心理层面——世界观、价值观、心理环境、心理模式

心物层面——法律、制度、习俗、语言

物质层面——名称、形态、结构、目标

具体分析三者的内涵与关系如下。心理层面价值观体系是心理模式的一种积累和构建。价值观是组织文化的核心，在群体心理中有一种更加适合的表述是基本信念，即价值观中最核心、最稳定的部分，是群体经过假设和实践所形成的对事物最基本的一致认识。群体这里所指是乡村群体，或正式组织。文化体系的中层，即"心物层"是由组织基本观念出发，逐步在与环境的互动实践中形成的群体或组织认可的行为规范体系。最主要的如规范和制度，是群体或组织外层物质行为的指导与约束，相对于基本信念具有变化性，也是群体内部信念与组织行为、物质层及外部环境的连接和适应方式。当群体或组织心理与外部环境相互协调的时候，规制表现出适应性稳定状态；当群体的内部心理模式及基本信念与外部环境一方发生变化，产生不协调的矛盾冲突，则规制出现不适应状态，由此而影响到群体或组织的内部心理，心理模式反作用于组织规制。另外，组织的物质形态如果与组织的制度规范不相协调的话，也会产生矛盾，进而使组织的心理模式发生变化。而心理模式与基本信念的变化也必然作用于物质行为层面，然后再影响规制，通过规制的调整促进心理与行为的逐步协调。这三个层次在应对环境影响的变化时存在明显差别：物质层的应变性强，反应较快且直接；心物规制层较物质层变化慢，而且呈现明显的关联系统性；心理层（基本观念）的应变则是一个缓慢的积累过程。它的变化需要物质层与心物层变化的不断积累，已达到对基本信念足够广度和深度的影响，从而使其产生相应变化。

一般情况下，环境与组织心理的互动取决于群体或者组织的心理模式类型以及与环境的关系。实际上，大多数组织变化是以社会环境变化对组织心理的影响为主导。环境变化首先作用影响的是外部物质层，逐步扩展深入，作用于组织的心物与心理层，影响组织规制与心理环境。这里需要说明的是，从实际研究中发现，物质层面所产生的影响是同时作用于心物与心理层面的，其差别在于作用的对象差异，导致反应的途径和效果不同。物质对心理的作用是由人的行为直接产生，而规制与物质形态、行为的不适应是由心理来感知并作出反应和调节。根据物质影响的程度（广度、深度和时间的持续），群体或组织心理环境、模式进行应对性的调试或者变化，反作用于物质层面。同时也通过对中间层的规制调整去规范、协调组织行为以适应环境，以达到新阶段的适应协调状态。组织心理层的价值观所包含的基本（普遍）信念是比较稳定的，它同时也并存着很多短暂观念和意见。当基本信念被动摇弱化，进而发生根本性变化，但新的信念还未形成时，这个阶段就以短暂、多变的意见和观念为主体，群体或组织自身系统即呈现不稳定和混乱状态。这样的作用关系体现的是组织文化作为一个整体，其内部各个主体、子环境（群体）之间的联系、作用方式。它们彼此间通过特定的、有组织的行为，按照一定的方式产生交互作用影响。这是一个有机的协调发展过程，与生态系统中各个层级子元素之间的有机联系和作用是一致的，而组织则是生态系统意识范畴中的局部子系统。

在实际案例分析中，应该注意分析乡村文化的心理模式对于环境的行动取向。乡村村寨景区可视为一个社会组织的微观环境，其中的组织主体包括管理层与村民群体。我们可以从两者的组织系统环境来分析其关系差异。在景区形成以前，两者都有各自的社会生态环境，即组织文化背景。乡村村寨有各个具体乡村所具有的传统乡村文化、社会习俗和乡村习惯法，而管理层组织也有属于主流社会文化背景的组织管理规范和行为模式。以往的行政管理阶段管理内容有部分的联结，两者的关系是单纯的行政管理，并没有紧密而深入的经济关系。景区形成以后，管理形式就存在来自两种不同文化的管理模式，即传统的乡村文化习惯法，以及政府管理层的管理规则。从文化差异背景分析，两种管理制度属于不同的组织文化体系，而就管理对象——村民群体而言，管理层的规制并不适应于地方乡村的传统文化。再看群体与管理层的心理模式，两者在世界观和价值观上的差异必然导致对于景区整体发展目标上的认知差异。两者之间联系的逐步深入和互动，势必导致关系不协调等矛盾的积累。同一空间范围内的组织系统同时存在物质关系行为、体制规范与心理模式和价值观的不对应、不协调，这便是组织系统冲突形成的基础和总体状态。

第三节 复合组织的冲突解析

一 组织冲突的本质是矛盾的运动

矛盾冲突作为一种事物的关系状态,普遍存在于自然与人类社会中。从其内涵来分析,有事物内部的相互反作用,即对立两极的关系;也有存在于外部的非对立关系,表现为事物之间的抵触和不协调。冲突有物质性和人主体性的区别,也有主观感知层面和外部行为作用层面的分别。虽然所表达的主体不同,但本质都是一个作用运动过程。组织可视为矛盾冲突的实体范围,而冲突既是组织内主体关系的一种状态表现,也是组织系统与环境作用关系的状态表现。这是冲突表现的不同层次,也是其系统形成的基础。

冲突是一种矛盾运动的表现和过程,本书涉及的冲突范畴是事物之间的非对立性矛盾关系,即主体之间的相互抵触与不协调。组织内部各主体间的相互联系与作用关系是冲突产生的客观基础。冲突是各主体关系不协调,或者是主体意识在对特定客体认知及处置方式上的差异分歧,而产生的心理和行为的矛盾作用与不协调状态。依据以上理念,可以将组织冲突分为不同层面和主体关系的矛盾运动过程。一是以组织内部主体为观察对象的冲突,包括主体自身内部的矛盾运动过程,以及各层级之间主体的互动矛盾过程;两个主体的矛盾都是一个由内到外的心理认知到具体行为的矛盾统一过程。二是以组织主体与环境关系为对象的矛盾运动过程,属于组织冲突的外部。这是人的关系体与存在环境之间的矛盾运动过程。

组织中的各个构成部分相互联系、作用,活动过程中,各主体间、层级间的差异互动必然产生矛盾冲突。冲突的产生、发展及结果都是需要、互依性及两者关系共同作用的结果,任何因素的变化,都会导致冲突的不断运动和变化。相互矛盾的各要素相互否定、扬弃和相互转化,形成往复的矛盾运动。① 冲突过程,是各个主体联系部分的作用发展过程,每个阶段也是彼此联系作用的。前一个冲突的结果是后一个冲突的影响因素,它会直接或间接影响到冲突主体对于冲突的认知和判断,并形成潜在的新冲突。某一个或局部冲突的有效解决,所表现的协调状态只是一个暂时的阶段性表现,内在则有新的冲突在酝酿。所以,冲突是一个"矛盾—协调"不断运动更替的过程。冲突和协调平衡是一对矛盾体,冲突是向协调发展的,而协调也必然被冲突打破。

组织或群体的内部冲突,以及组织群体之间的冲突,在一定程度和方面具有促进各个群体内部成员之间凝聚力与组织整合的积极作用。它通过调整群体规制和秩序来协调组织主体的关系与行为,以转化冲突,使组织系统保持一种动态平衡与和谐。冲突是组织关系不稳定、不协调的反映,同时也是一种变革发展的动力,组织在这个矛盾运动过程中不断协调适应、变化发展。

二 组织冲突物质体系的构成

前文对组织文化、组织心理以及组织冲突的内在关系进行了分析,组织冲突的系统性源于它与组织系统的内在联系:冲突是组织主体关系的一种表现。通过对组织冲突的具体体现构成进行深入分析,可以看到其多层次交互特点与动态发展性,体现了组织冲突内在的生态整体性和有机性。

在此,基于组织冲突的基本属性所体现的共性,从组织冲突的主体出发来对其关系体系的构建进行分析。以生态观的整体性与关联性视角探究组织冲突内在的基本构建,将为每一层级主体关系和具体冲突的研究提供思维基础。组织冲突按照主体关系范围的划分,可分为三个层次。一是个体层面的冲突,包括个体间的冲突(即组织的人际冲突)、个体与群体的冲突、个体与组织的冲突。二是群体层面的冲突,即群体之间的冲突(同层级和不同层级的群体)、群体与组织整体的冲突。三是组织整

---

① 向常春、龙立荣:《论组织冲突的哲学基础》,《自然辩证法研究》2009年第8期。

体层面的冲突,包括组织与外部其他组织的冲突、组织与环境之间的冲突。这是以组织冲突主体的关系构成范围来划分的关系体系。冲突的本质是矛盾的运动过程,所以组织冲突是一个主体间的互动认知和行为表现过程。它从潜在到被主体双方认知,再到具体冲突过程(意识和行为),最终到冲突的消解转化。这是从冲突的时间发展过程角度进行的划分。这一过程是每一个冲突发展过程的阶段表现方式,当然由于引发原因和主体的特征差异,每一个具体的冲突过程表现都是不同的。主体关系范围的冲突与时间发展过程的冲突,构成了组织冲突的体系。这一体系所反映的并非一个单纯的关系框架和矛盾行为过程,它深层所蕴含的是冲突主体在一定空间范围内,各自心理环境之间的差异性互动与协调过程。其中,个体的心理环境与组织心理环境关系因为发展过程特点,两者的交集体现出阶段性。同时,由于个体的差异较大,所以个体层面的具体冲突会较为具体。而组织内的群体与组织整体的心理环境则体现各群体性特点,它贯穿组织发展的全过程。

三 组织的冲突体系与作用机制

在前文的冲突体系框架中,本书分析了组织冲突的系统交互关系。以这个框架为基础对组织冲突的内在系统进行探究,就必须从组织文化的系统入手。因为组织冲突是组织主体内外关系的状态表现,而组织冲突的不断转化过程也是组织文化的积累构建过程。组织文化是组织中各个层次主体,彼此间或者与物质环境之间的互动,同时与外界环境互动的作用实践过程的积累。它是一个包括心理与物质在内的层次体系,这是组织的研究对象,而且与生态心理学的研究对象相互呼应。组织冲突作为一种主体关系的状态表现,其内在也体现组织文化系统各个主体、层级的关系状态(见图3-5)。

从文化系统互动的内涵来分析,组织冲突即组织文化体系内三个层面之间的互动关系和作用行为状态表现。在组织文化构建的过程中,组织心理不断地进行内外环境关系的协调,经过对假设的实践结果逐步构建出适应环境发展的认识和行为模式。这套模式继续在环境的变

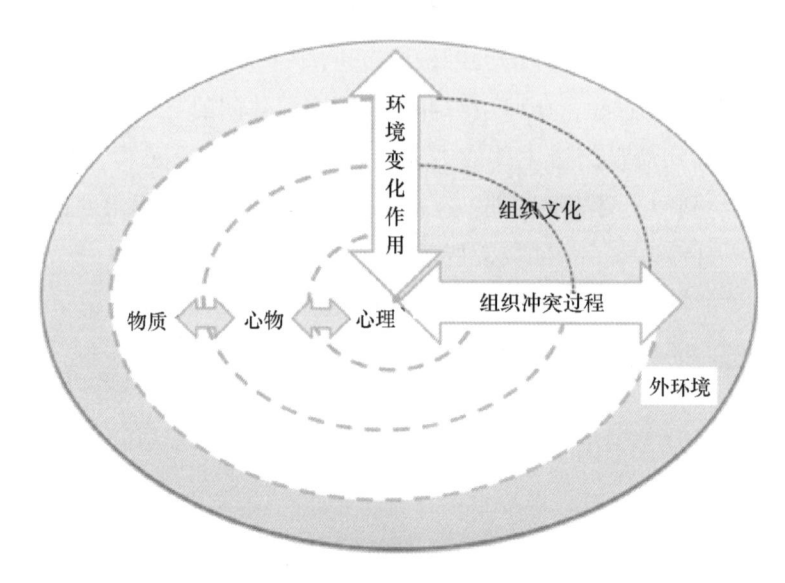

图 3-5　组织文化体系与组织冲突关系

化中适应活动，从不适应到协调适应，再到新的不适应。就在这样的矛盾冲突的循环中运行变化。这个变化代表着一种状态，它可能朝着好的方向发展，也可能面临被淘汰甚至消亡的结局。组织冲突的作用是"外引—内化—外显"的过程。心理层面的冲突是内核部分，它相对稳定属于因变量，外部物质层面视为自变量与环境变化相连接对应。外部物质的变化影响通过中间的心物连接层面的不适应作用于心理内核，引起局部反应并应对，一般情况下这是适度的应对调整。当变化和影响的持续时间足够长，或其范围足够广且达到一定深度时，组织的心理模式有可能发生根本性变化。当然，组织心理层面的变化也是有区域和层次之分的。被组织成员共同认知和认同的基本信念具有稳定性，而表层的暂时性观念具有相对稳定性。这还与具体环境影响因素的重要性、组织文化的时代特点和性质相关。这在勒庞（Gustave Le Bon）的群体心理研究中都得到过实践的证实。当组织心理环境和模式发生变化，它也自然反作用于中间过渡层，对心物连接层的构成进行协调，再由其变化和相关因素进行表达，进而外化为组织的物质和具体行为表现。这是一个由外部环境变化向内传导，引发不协调的矛盾冲突，通过组织认知和心理模式的反应调节，再向外作用以实现协调的反应过程。这个过程是循环反复的，组织冲突即通过这个运动的作用机制影响并推动着组织文化的构建和整体的发展。它的作用过程贯穿组织文化的不同层面，并不因为组织的性质和分类差别而有所不同。这是组织冲突的共性。

综合上述组织主体关系的冲突与内在的文化体系的冲突，两者共同构建出组织冲突的体系。其中也体现冲突对于组织关系协调与文化构建的作用机制（见图3-6）。

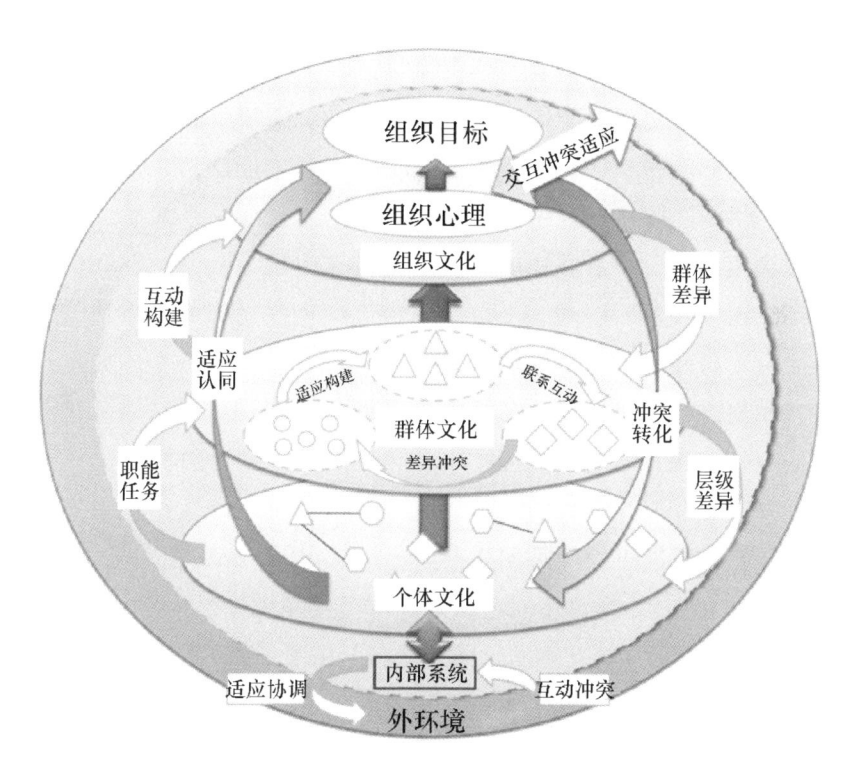

图 3-6 组织冲突体系与作用机制模型

根据上述分析，可以看出组织冲突与组织文化体系是内在统一的。其中的各个构成主体和层面关系都按照一定规则联系，又在相互作用中协调、变化、运动。组织冲突的体系也反映出，人与环境关系的整体性、有机联系性、互动作用以及动态发展性。

第四节 复合组织系统的功能与实现途径

一 复合组织的功能机制

复合组织的稳定性是功能实现的基础。它通过内部主体关系协调、整体文化构建，以及对外环境的互动协调来实现。协调组织—环境关系，并促进组织整体构建与阶段性发展是组织功能的本质和内涵。复合组织本身是一个运动发展的关系体。其内部的具体层次关系和连接方式由主体性质和功能作用决定，这是基于组织系统的主要性质和发展目标而形成的。它的功能实现基于以下几个层次。一是组织系统与环境的协调。体现为组织内部主体之间的层次、关系和联结方式与实际社会生态系统关系及功能的合理应对，体现为社会生态环境作用中的组织内部关系的协调。二是组织内部各主体之间的关系协调。即组织主体在与环境互动协调的过程中，也进行内部的各主体关系适应调整，从而进行组织整合。三是组织系统与组织文化的协调。这是组织系统与环境相互作用后，通过冲突转化以实现复合组织文化体系（包括整体文化和亚文化）的构建的过程，也是组织物质结构形态与组织文化的适应发展过程（见图3-7）。

复合组织的本质是不同组织系统的交互作用过程。其联结方式有领导形式、合作形式与互惠的形式，这都是由组织所处的社会环境发展目标所决定的。主体组织与介入环境或组织系统在大的环境关系限定下，产生一套与环境相对应的自身关系体和有序运行规则。用生态观的思想可以表述为，组织系统在环境与组织介入过程中形成了新的组织社会生态系统，其中的每一个主体元素因性质与功能的差异，有其相应的生态位。复合组织内部，因各主体的属性与功能差异，也有相应的位置和关系。复合组织内的关系构成与整体的组织生态系统关系相对应，保证组

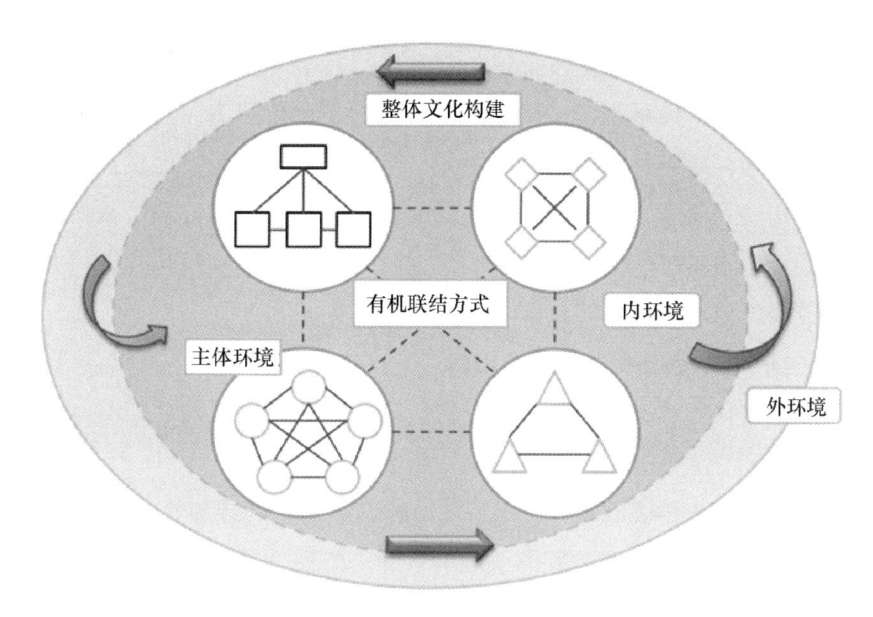

图 3-7 复合组织功能机制

织功能的正常发挥。一旦主体位置、关系不协调，即导致运行受阻，各种矛盾冲突发展激化，进而造成其组织功能的失调。从组织文化体系的角度分析，不同文化背景中的组织系统互动，本质是不同组织生态系统的互动。必然因为组织物质关系与内在关系的不对应、不协调造成组织功能的失调，体现为不同层次类型的组织冲突的发展。而对于组织冲突的管理和转化，将是组织整体文化构建的重要内容，也是推动组织功能实现正常化的途径。

二 功能实现的条件

（一）组织系统与环境的协调性

组织是人群的一种结合形式，本质反映的是人与人、人与环境的互动关系。前文已经说明了组织发展的两条主线：一是人自身的认知发展；二是人与环境关系的认知发展。二者是"人—环境"关系的内外体现。就内涵而言，人自身的发展也是在与环境的关系中实现的。所以，它们的发展是个统一的过程。

组织是社会构成的基本单位,其发展与社会环境发展相对应。复合组织是内部主体关系系统,体现社会环境的复合化状态。只有与存在的环境相协调,适应其关系与联系方式、运行规则,组织才能发挥正常的作用与功能。而这个协调是通过组织的物质形态内部的心理关系协调与外部环境关系的对应协调来体现的。组织系统与环境的整体性协调是组织功能实现与发展的基础和目标。

(二) 领导力与组织关系的协调

组织文化和领导力的关系是我们研究组织文化体系构建所必须明确的基本关系。这里的领导力不只是一般意义的单纯领导个体,而是由领导或领导团体所构成的领导层所表现出的组织文化创造和管理协调能力。它是组织心理模式实践过程的引导者,并与组织文化的构建和发展相互交织。在组织发展的过程中,领导(或者称为领袖),在某种程度上即代表着组织的文化。组织文化理论之父沙因认为,文化和领导力就是同一枚硬币的两面。只看它们其中任何一个,都无法真正理解它们。[①] 文化限定着其范围内组织对于领导及其权力的范围和价值取向,组织文化也决定着领导和领导力的价值观和表现方式。另外,领导或者管理层的终极目标就是组织文化的创建和管理。文化是领导力的体现,而领导力也是组织文化的一种反映。这是组织文化与领导力关系的内涵,也反映出组织文化的形成和构建与领导力协调发展的统一。

组织文化和领导力都因为组织的属性不同而有所差异。根本的原因在于属性决定了组织的目标和功能,这也决定了组织的形成环境和发展取向。组织的属性有很多种,发展到现阶段,我们看到复合化组织的不断出现。从基本的组织形态入手,沙因以不同体制类型中的组织对领导概念的认识进行了分类:强制型、功利型和规范型。强制型组织的运行依赖于领导者对环境的判断和行为决策,以及领导者为成

---

① [美] 埃德加·沙因:《组织文化与领导力》,马红宇等译,中国人民大学出版社 2011 年版,第 8 页。

员谋取合理利益的能力；功利型组织的管理行为依赖于领导者与下属之间合理合法的关系原则；而规范型组织是文化构建最为理想和效果最好的组织形式。他们通过共同的理想和目标凝聚在一起，并依靠信任和情感爱好相联结。这样的组织更能有效地进行关系协调，达成目标。就实际的组织情况来看，纯粹的一种类型的组织现在正在减少，越来越多的复合组织中存在不同的领导类型，领导力的含义也从单纯领导者发展成为一个领导层体系。这些也必然是与其组织文化发展相对应的。而如何辨别领导力和组织类型的关系，可以从管理行为对于文化的地位和意义上来进行分析。沙因说，如果想要区分领导力与经营管理或者行政管理，就需要记住：领导力可以创建并改变文化，而经营管理和行政管理都是在文化之下运行的。从这一点可以看出，领导力是文化的一种体现，它区别于一般意义上的管理行为，其核心作用表现在对组织文化的创造、构建和发展的引导上。现阶段，组织发展体现的复杂化趋势，领导力不再单纯属于某一种类型，它在大多数情况下都体现出复合性和多元化。对于其内涵的理解和实际管理运行情况的把握也变得更为复杂和困难。把握不同类型组织及其领导力的发展变化和特点，对于复合组织的整体文化构建，其功能作用的实现都起到关键作用。

（三）组织整体文化的构建

组织文化体系是外部物质系统与内在心理系统的统一和构建。文化是人与环境交互实践活动的积累，这个积累分为物质形态与内部心理两个维度。所以，可以说文化的形成也是一个人或者人的群体与环境的协调适应过程。组织文化与其相对应，是一定关系主体在与环境的实践过程中不断协调积淀而成的。而协调也依据其构成分为物质层面（结构关系）与心理环境的协调适应。两者的共同协调发展实现组织文化的整体构建，组织文化的构建发展是组织功能实现的内涵。

通过分析组织物质层与心理层的关系，可以明确物质层是心理层的具体表象，心理层面的结构决定组织物质的结构、关系。它们相互联系作用，以一定的规范构建组织文化整体。组织的心理是一个组织成员在实现共同目标的活动中，由组织内部各层次个体、团体成员之间，与外部环境之相互作用积淀下来的组织心理行为模式。它具有组织成员的共同心理反应。组织的心理行为模式就是组织与内外环境互动的一种方式，这个互动的行为过程所沉淀的由内向外的构成因素也按照一定的规律有序的形成一个体系——组织文化。所以，从组织文化的构建过程来看，组织心理模式的互动实践活动过程，也是组织文化的构建过程。一个团体的文化可以被定义为，在解决它的外部适应和内部整合问题的过程中，基于团体习得的共享的基本假设的一套模式。这套模式运行良好，非常有效。因此，它被作为对相关问题的正确认识、思维和情感方式授予新来者。[①] 沙因关于组织文化的解释，突出的是组织心理对于组织文化形成的过程和意义。

组织的形成和发展都伴随着文化的发展，而具体的管理行为是在文化之下运行的。组织文化的建立是组织成员对于基本信念的反复实践并成功的认同过程。以西部地区少数乡村为例，各乡村文化的各个层面都与生存环境有密切的关系。不同的自然生态条件使村民选择了相应的生存方式，与自然亲缘式的密切关系决定着少数乡村村寨群体与自然环境的和谐统一。而少数乡村社会内部的组织文化也是在各乡村群体与自然，以及乡村自身内部氏族之间的心理互动作用过程中发展建立起来的。组织心理模式会根据它们赖以产生的不同环境发生相应的变化。当组织存在的社会环境发生变化并与组织文化不相协调适应的时候，组织心理势必需要调整以适应环境。组织文化也会因为组织心理的调整和实践而产生一定程度的变化。这是一个循环互动的发展过程。乡村村寨的村民群体拥有着传统文化中形成的相对稳定的组织文化，即一套乡村的心理活动模式。在旅游经济发展的过程中，面对传统生活环境的变化，少数乡村的组织心理以其固有的模式对新的外部关系进行实践和互动，并在此过程中通过成功或者失败的经验对

[①] [美] 埃德加·沙因：《组织文化与领导力》，马红宇等译，中国人民大学出版社2011年版，第13页。

其心理和行为进行调整。这个过程必然会对其组织文化进行相应的调整，并在一个特定的阶段形成对环境的适应。以此来看，组织文化的构建发展也是组织运行发展的根本与内核。

三 组织冲突转化是实现功能的途径

前文已经对组织冲突与组织物质关系、组织文化体系之间的内在统一关系进行了分析，得出了组织冲突是组织主体关系不协调状态的体现，也是组织文化体系各层面关系矛盾冲突的体现。由于组织功能的实现是通过组织主体关系内部的协调、与外部系统环境的对应，以及组织文化体系的关系协调来实现的。所以，组织冲突的转化是组织功能正常发挥的主要途径。

从心理学的角度来看，冲突是指个体由于不兼容的目标、认知或情感而引起的相互作用的一种紧张状态。造成冲突的原因可能有"归因的误差""信任的缺乏""刻板印象""认知失调"等。[1] 蒋云根认为，冲突一般表现为一种过程，这种过程的发生是由于一方感觉到另一方对自己关心的事情产生消极影响或将要产生消极影响，其中包括相互之间在目标方面的不一致，对事实的解释存在分歧，在行为期望方面的差别，等等。[2] 这是冲突的心理学发生过程。组织冲突的原因有很多，但从根本上都可以归结于组织系统环境与组织文化的差异。相对于组织文化的稳定，心理的实践活动更具有应变性。在面对组织环境的差异变化时，组织的心理模式会更快地做出反应，以原有的模式进行应对。如果得到失败的效果，那么它必须进行新的假设和实践。所以，从组织心理层面来看，组织间的互动实际是组织心理模式的互动，而组织间的心理模式差异也会导致组织冲突的产生。

从上述分析可以看出，组织的冲突是组织内外结构关系作用过程中组织系统关系状态的一种表现，也是组织心理在应对外界环境变化的一

---

[1] 陈英、叶茂林：《组织冲突内在动因的全面阐述》，《商业时代》2013年第5期。
[2] 蒋云根编著：《组织行为的心理分析》（第二版），东华大学出版社2013年版，第95页。

种活动反应。组织文化的构建和发展是通过组织心理固有模式与环境作用互动实践过程来实现的。适应变化体现在组织文化体系的各个层面。组织冲突是组织文化体系的不同层面与环境互动的阶段性矛盾表现形式。所以，组织冲突的转化和管理过程，将促进组织各主体层级与关系的协调，并进行整体文化的构建，进而实现组织功能的正常化。

第四章　A 村寨景区社会环境与组织复合化研究

本章是案例的实证分析，从 A 村寨千户苗寨景区（以下统称"A 村寨景区"）内部现有的两个组织关系主体切入，分析景区内部组织主体的属性和文化背景差异，明确村寨景区组织的复合属性及其内部主体构成的实际差异问题。运用复合组织分析框架对 A 村寨景区的组织系统环境以及冲突产生的物质基础进行研究。通过对 A 村寨景区旅游发展前后社会生态环境的复合化特征进行分析，进而剖析景区内主体组织的发展历史与文化构成。以管理层结构变化及介入过程为切入点，研究景区组织的复合化过程。通过组织主体的各层面差异分析，厘清 A 村寨景区组织冲突的具体表现，为后面的组织冲突体系构成研究提供理论基础。

第一节　A 村寨景区概况及旅游发展

一　A 村寨概况

A 村寨 2016 年年底的人口统计数据是 1378 户 5282 人，其中苗族人口占 99.5%。A 村寨距今已有近 2000 年的历史，是苗族第三次大迁徙的主要集结地，又有"苗都"之称。A 村寨特有的"水—树—寨—人"——四素同构自然生态景观，与苗族传统文化生态观相融合，形成了相对独立、自成系统的村寨原生态环境,并保持着阶段的完整性。

A 村寨作为贵州黔东南苗族重要的组成部分,拥有深厚的苗族文化底蕴,保有较为完整的苗族传统文化。这里的苗族建筑、服饰和银饰,以及生活习俗特点突出,具有苗族的典型性。苗语是苗族文化传承的基础,也是苗族文化的特色和代表。村寨内苗族群众之间用苗语交流,苗语是社会内部、日常生活沟通的主要手段。因为苗族没有文字,所以语言和图案是苗族文化传承的主要方式,而在社会发展的过程中苗族逐步学习使用汉字来记录,所以 A 村寨内现行的文字是汉字,与外界交流的时候也使用汉语。

2007 年以前,A 村寨的主体由四个行政村组成,下设管辖的八个自然村寨。这是 A 村寨景区的构成主体。组织构成的基本单元为每家每户。A 村寨的地理环境是群山环绕的苗族村寨聚居区,白水河穿过村寨并将整个村寨分为东西两边。主要的四个村寨是村民的生产生活空间基础,也是旅游开发的资源基础。

2007 年,由于旅游发展和管理的需要,地方政府建立了 A 村寨景区。把 A 村寨内的四个行政村合并为一个行政村,撤销了原有的四个村委会,设立统一的村委会,原有的四个行政村变为自然村寨。A 村寨景区建立后,内部分为四个片区。现在的格局在地理空间和自然环境层面基本没有变,变化的主要是村寨的行政区划和管理格局。

二　A 村寨景区旅游发展概况

A 村寨的旅游发展从其历程来看分为明显的两个阶段,两个阶段的分割点是 2008 年的旅游产业发展大会(以下简称"旅发大会")。节会旅游是促进乡村地区旅游发展的一种有效途径,可以在地区发展规划、基础设施和项目发展上形成明显的带动作用。A 村寨旅游的发展就是一个非常典型的例子。

2008 年以前,A 村寨的旅游处于一个政府引导、社区参与的初级开发状态。2000 年,A 村寨全年游客仅 0.75 万人,其中国外游客 200

余人。2005年，到A村寨旅游的游客一共41289人次，收入945.72万元人民币。2008年，A村寨被选为旅发大会主会场。以此为契机，A村寨的旅游公路修成通车，极大地提高了A村寨的可进入性。与此同时，地方政府通过整合各类项目资金和争取银行贷款，于2008年上半年旅发大会召开之前投入1.8亿元之多完善A村寨景区建设，完成重点项目建设26个，包括主会场修建、苗族博物馆建设、精品街建设、乡村古街改造、观景台建设、河段改造与绿化、生态水体建设、河滨道乡村特色改造等。大规模的硬件建设加之各种媒体的大力宣传，以及旅发大会的成功举办，让A村寨从原有的苗族村寨成为村寨景区。自2008年开发旅游至今，A村寨景区已成为国家4A级景区、国家文化产业示范基地，获得中国文化旅游新地标、第四届中国最令人向往的地方等头衔和美誉。

三 旅游环境介入后的基本变化

A村寨景区的发展是一个由旅游发展所引发的村寨原生系统变化的过程，包括经济、自然环境、社会组织关系以及生活在内的一系列变化。这一变化过程也体现A村寨景区从村寨社会走向景区复合环境的一个内涵变化过程。

根据本书的主体内容，聚焦于A村寨景区在旅游发展过程中时空两个方面所产生的矛盾和冲突，笔者设计了《A村寨景区冲突调查问卷》[①]，并到A村寨进行了实地问卷调查。调查以景区划分片区为基础，在各片区内进行一定人数的街巷随机问卷与入户问卷调查，具体方式是随机问卷与入户深入访谈相结合。共计发放问卷120份，所有问卷均当场完成回收，有效问卷117份。主要的调查内容包括村民的基本情况、景区的旅游发展情况、景区内的主要矛盾变化及原因。被调查村民的基本情况如表4-1所示。

---

① 《A村寨景区冲突调查问卷》详见附录。

表 4-1　　　　　　　　A 村寨景区被调查村民情况

调查项		人数	百分比（%）
性别	男	56	47.9
	女	61	52.1
年龄	≤20 岁	15	12.8
	21—35 岁	27	23.1
	36—50 岁	52	44.4
	51—60 岁	12	10.3
	60 岁以上	11	9.4
受教育程度	初中以下	31	26.5
	初中	43	36.8
	高中/中专	27	23.1
	大学及以上	16	13.7
人员构成	学生	12	10.3
	教师	6	5.1
	旅游公司+居委会人员	16	13.7
	农民	83	70.9

被调查的村民中 97% 为苗族。其中男性占 47.9%，女性占 52.1%，与实际情况中参与旅游经营人员女性居多的实际相对应；调查对象年龄以 21—50 岁的人为主；被调查主体为当地农民，占 70.9%；文化程度初中及以下的占 63.3%，是村寨主体。由此分析可知，被调查村民的情况反映了 A 村寨景区的现状与基本特征，有较好的代表性。

（一）经济的发展，收入的增加

2009 年，A 村寨景区游客 78.36 万人次，旅游收入 17948.36 万元。① 2012 年旅游总收入已达 3.1 亿元，年人均收入跳跃式地达到 8520 元。2015 年的 1—4 月，A 村寨苗寨景区就接待游客 102.15 万人，旅游综合

---

① 数据来源：地方政府统计局。

收入 7.03 亿元，同比分别增长是 32.15%、35.24%。① 在调查过程中，关于"旅游给你带来的最大变化"的内容，有 65 人（55.6%）选择了"经济收入的增加"。这说明旅游给 A 村寨村民的经济收入带来了巨大变化。

（二）人口的变化

2012 年，A 村寨景区人口的统计数据是 1285 户、5020 人。2016 年，A 村寨景区人口统计数据是 1378 户、5282 人。旅游的发展促进了 A 村寨经济发展，增加了 A 村寨景区苗族村寨居民的收入，提高了居民生活水平。形成了良好的吸引效应，吸引了外部人口进入。进入方式包括婚姻与就业，还有外出打工的返乡人员。在具体调查过程中了解到，A 村寨在旅游开发以前，共有 100 多名留守儿童，至 2016 年该数字减少到十几人。

（三）村寨格局与片区的功能变化

A 村寨景区化的发展使村寨内的行政划分与功能产生了根本性的变化。旅游开发前，A 村寨包括四个行政村和八个自然寨。建成 A 村寨景区以后，原来的四个行政村合并为 A 村寨村，并实行统一管理，其地理格局未变。旅游规划的 A 村寨景区以原有主体村寨为基础，分为四个片区。其中包括的八个自然村寨依旧保持不变。

在旅游开发前，A 村寨原生社会是农业社会，内部四个村寨的组织属性与功能是一致的，仅有区位与自然条件的差别。旅游的发展与人为的规划，使 A 村寨景区在地理基础格局上变化不大，各片区的功能与发展方向却发生了本质变化。在调研中了解到，引起各个片区功能变化的主要原因是 A 村寨景区规划的资源定位差异。

（四）村民生计方式（收入结构）的变化

旅游发展以前，A 村寨的居民绝大部分从事农业生产，以农业生产收入为主。旅游发展过程中，村民以不同方式参与旅游经营活动，人数和范围都逐年增长。对此笔者在问卷调查中设立了专门的项目如表 4-2

---

① 数据来源：地方政府统计局。

和表 4-3 所示。

表 4-2　　　　　　　　家庭成员参与旅游经营活动情况

	人数（人）	百分比（%）
全家参与	10	8.5
部分人参与	99	84.6
不参与	8	6.8

表 4-3　　　　　　　　　　家庭的生计方式

	人数（人）	百分比（%）
纯农业生产，没有参与旅游经营	8	6.8
农业生产为主，少部分旅游经营	60	51.3
旅游经营为主，少部分农业生产	36	30.1
农业生产与旅游经营相当	11	9.4
纯旅游经营，没有进行农业生产	2	1.7

根据调查数据，截至 2016 年，所调查的 117 人当中，99 人的家庭中有部分人参与旅游经营活动，全家都参与的有 10 人，不参与旅游经营、纯农业生产的家庭只有 8 个。这就表明，参加旅游经营活动的人数比重约为 93%。在关于生计方式的调查项目中，以"旅游经营为主"的家庭有 36 个，"农业生产与旅游经营比重相当"的家庭有 11 个，"纯旅游经营"的家庭有 2 个。说明旅游经济的发展对 A 村寨村民生活的影响在逐步拓展与深入。

（五）内部管理组织的变化

旅游发展以前，A 村寨苗寨的行政区划分为四个行政村，每个村寨有自己的村委会，下辖自然寨和村民小组。管理方式实行政府指导下的村委会执行制乡村区域自治，其中直接承担管理职责的主体机构是村委会。旅游发展以后，四村合一，合并为一个 A 村寨村。村委会管理集中化，并由地方政府为主导。同时设立的管理局与旅游公司分别负责景区的行政管理与旅游经营管理。管理的主体出现多元化，管理方式发生变化。

第二节 A 村寨景区原生环境的组织属性及构成分析

一 A 村寨苗寨原生社会生态环境

A 村寨是一个苗族群体在生存活动过程中，与自然、社会相互作用而形成发展的，相对独立的生态系统。它由人主体的社会生态系统与自然相关的生态环境系统组成。组织系统反映其社会生态系统状态。A 村寨的原生社会环境包括自然环境下各片区的格局关系与组织构成关系。

（一）村寨自然格局

A 村寨是苗族迁徙的聚居地之一。2007 年以前，其内部的四个主要村寨由于进入 A 村寨范围的先后顺序分别占据了不同的区位。四个村寨以自然格局为基础发展形成了 A 村寨的村寨格局，自然划分是以山与山之间的山坳作为分割线。它们都以农业生产为核心，具有相同的属性，也有自己村寨的土地范围。它们之间只有地势的差别，村民收入差别甚微。

（二）社会组织格局

A 村寨的社会格局由两个方面影响形成。一是苗族的血缘氏族关系基础。苗族传统社会的行为活动多以氏族为基本单元，其内部组织管理主要依托氏族领袖与精英群体，以传统习惯法为准则实施宗族式治理。二是以村寨的自然格局为物质基础。最初的村寨基本都是同一氏族所居住。苗族在 A 村寨聚居发展的过程中，形成了血缘与地缘相结合、氏族间联合的 A 村寨。内部以通婚等方式实现融合发展，逐步形成了 A 村寨血缘与地缘融合的社会组织格局。在成为行政属地之后，A 村寨依然有自己的乡村领袖、精英管理层，以传统习惯法为准则对村寨社会生活进行协调管理。

二 苗族传统组织与生态环境的关系解析

苗族组织文化是其传统文化的主要组成部分，它是苗族在时空交错行进中，族群与环境之间心理和行为共同互动适应演化的乡村生态世界观。体现苗族与自然环境的依赖关系，以及认知发展过程，在不同的阶段表现为不同的形态。但它有一个贯穿始终的核心观念，即苗族关于"自然界万物平等"的基本信念。生态哲学中最核心的理论是人与自然的辩证关系，不同的群体都有一套属于自己的对于"人与自然"关系的感知和行为体系，这便是乡村文化体系。而世界观、价值观、人生观则是文化体系的核心。苗族传统的世界观也是生态观，即"自然界万物平等"，这是一种朴素的世界观，它源于苗族与自然的依赖关系。它来源于这样的思想——"实际上人只不过是生态系统中众多物种之一，既不比别的好，也不比别的坏。他在整个生态中有自己的位置，当他有助于生态系统平衡的时候才会对自己有利"。[①] 苗族生态世界观某种程度上是一种生态观与后现代世界观相统一的观点。

苗族的世界观是通过"苗族鼓歌"来具体体现的，它实际上相当于乡村的《创世纪》，是苗族文化的根。因为没有文字，它在民间的传承是以诗歌的形式——通过歌唱，以诗句作为歌词来传唱。苗族鼓歌以"卵生人——姜央"与大自然之间的故事回答了生命从哪儿来的问题，也是一个苗族与世界关系的整体认知。这个故事的内容结构反映出苗族对于世界，以及自身关系的认知（见图4-1）。

"鼓"是苗族文化中重要的一个象征意义，它也是苗族每个氏族血缘的象征。西部地区苗族在丧葬以及很多节日都必须敲鼓，黔东南苗族最大最隆重的传统节日就是"鼓藏节"。关于为什么要敲这个鼓和它的由来，在"苗族鼓歌"中有关于苗族世界观的解释。"鼓"是从一棵树转变而来，生命也由此而来。描述是这样：有了天地以后，天地所生的云雾中就有了一棵树，一棵枫树，苗语把枫树读为 demama, demeng, demu,

---

[①] 内容来源于苗族文化专家杨培德先生的访谈资料。

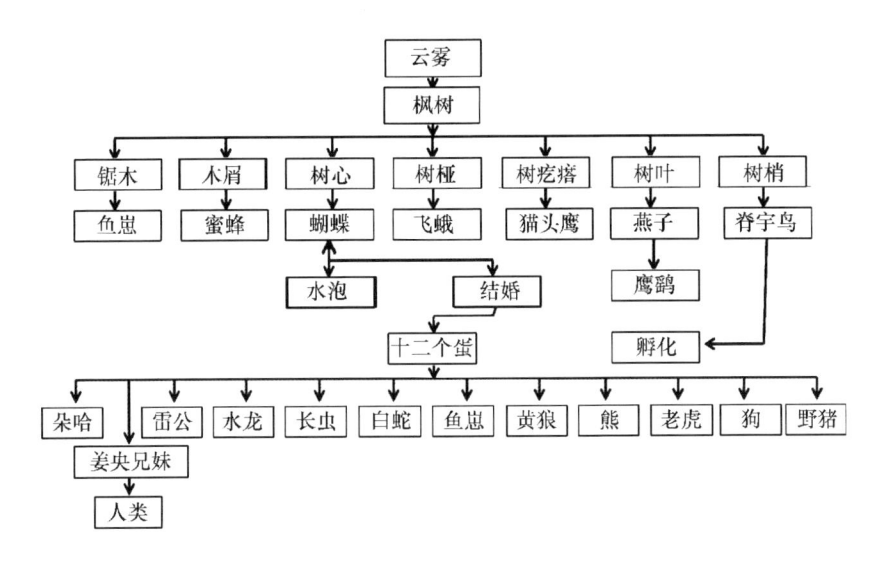

第四章　A村寨景区社会环境与组织复合化研究　◁　109

```
                           ┌──────┐
                           │ 云雾 │
                           └──┬───┘
                           ┌──┴───┐
                           │ 枫树 │
                           └──┬───┘
      ┌────┬─────┬──────┬────┼────┬──────┬──────┐
   ┌──┴─┐┌─┴──┐┌─┴──┐┌─┴──┐┌──┴──┐┌┴───┐┌─┴──┐
   │锯木││木屑││树心││树桠││树疙瘩││树叶││树梢│
   └──┬─┘└─┬──┘└─┬──┘└─┬──┘└──┬──┘└─┬──┘└─┬──┘
   ┌──┴─┐┌─┴──┐┌─┴──┐┌─┴──┐┌──┴──┐┌─┴──┐┌──┴──┐
   │鱼崽││蜜蜂││蝴蝶││飞蛾││猫头鹰││燕子││脊宇鸟│
   └────┘└────┘└─┬──┘└────┘└─────┘└─┬──┘└──┬──┘
              ┌──┴──┐ ┌─────┐      ┌─┴──┐   │
              │水泡 │ │结婚 │      │鹰鹞│   │
              └──┬──┘ └──┬──┘      └─┬──┘   │
                 └───┬───┘           │      │
                ┌────┴────┐       ┌──┴───┐  │
                │ 十二个蛋 │       │ 孵化 │◄─┘
                └────┬────┘       └──────┘
   ┌────┬────┬────┬────┼────┬────┬────┬────┬────┐
 ┌─┴─┐┌─┴─┐┌─┴─┐┌─┴─┐┌─┴─┐┌─┴─┐┌─┴─┐┌─┴─┐┌─┴─┐┌─┴─┐
 │朵哈││雷公││水龙││长虫││白蛇││鱼崽││黄狼││ 熊 ││老虎││ 狗 ││野猪│
 └─┬─┘└───┘└───┘└───┘└───┘└───┘└───┘└───┘└───┘└───┘
┌──┴────┐
│姜央兄妹│
└──┬────┘
┌──┴─┐
│人类│
└────┘
```

图 4-1　苗族传统鼓文化——"卵生人"关系示意

demi，方言不一样，翻译过来就是妈妈树。De 是树，me，mu，mi，ma 都是妈妈的意思，方言不一样。传统上黔东南的每个村寨都有护寨树，护寨树就是枫树，苗族人在修房子的时候，那个中柱也一定要是枫树，现在很少了。在苗族鼓歌里，枫树被砍倒后，树心幻化出蝴蝶妈妈。蝴蝶妈妈通过"游方"（苗族传统婚恋方式）与水泡结合，产下 12 个蛋。蛋寓意生命的原始状态，代表 12 个兄弟都是同源且平等的。人是其中一个，这个人的名字叫 ang，翻译过来叫"央"，也有人叫"姜央"（jiangy-ang）。鼓歌里面讲述了"央"的诞生过程，并通过生活中与其他 11 个兄弟之间的关系来体现苗族关于"平等"的世界观。他犁田和休息的时候都有牛、鸟、鱼等陪伴，自然界的万物与人类共同欢歌、和谐共处。这里谈及的苗族平等观念，还有一层与生态观紧密相连的深层内涵生态系统的结构是由生物与非生物元素按功能划分层级，并通过物质循环、能量流动和信息传递形成有机联系的整体。从无机物到有机生命体，再到生物群落的不同组分，生态系统在结构层级上因生态位差异呈现形态分层现象；但从生命本质而言，所有生物均具有生态价值的平等性。在苗族世界观中，一切存在皆被视为具有生命属性的共同体，无论是生物还是非生物，均被赋予平等的生态伦理地位。

苗族基本观念的形成，要联系苗族的发展历史以及苗族的乡村个性来分析。苗族是一个历史悠久的乡村。据历史文献记载与民族迁徙传说，在"涿鹿之战"失利后，苗族先民历经数千年的辗转迁徙。在漫长艰辛的迁徙历程中，苗族先民面临自然环境的挑战与外族部落的侵扰，历经五次大规模迁徙，最终抵达 A 村寨所在区域。当时迁徙至此的苗族先民还面临两大生存威胁：一是恶劣的自然环境，高山环抱，气候变化莫测，可开垦耕作的土地面积微乎其微；二是时时担心受到境内其他原住乡村的威胁。这是一个相对安全却危机四伏的环境状态，苗族祖先最终通过把大家聚集在一起依山聚居，并以传统文化中核心的精神鼓舞大家共同面对，利用乡村智慧克服了自然环境中的各种困难，并与周围环境相互适应逐步构建了一个新的生态系统，一个"人—环境"统一协调"四素同构"的村寨社会生态系统。"平等"作为苗族传统文化的核心价值，始终贯穿于苗族社会生活的诸多领域，并在历史进程中持续传承。

从某种程度上说，"人人平等"的核心观念一直是维系苗族社会生态系统的关键。这也是心理上的一种安全感和保证，保证共同区域内的每个家庭里的成员都能享受相对平等的资源。这是苗族世代对于环境的关系认知发展和对环境适应的结果。

三　A 村寨原生组织形态与生态环境关系分析

（一）A 村寨传统社会组织的内涵

A 村寨"水—树—寨—人"四素同构的生态环境与苗族村寨组织形态之间有着内在的紧密关系。苗族聚居地多位于崇山峻岭之中，自然地理环境导致对外交通可达性较差，该特点决定了他们的村寨形态和内部组织的发展水平。自然环境的有限供给和区域物质特点，是区域内生物生存发展的物质基础。在处理与环境关系的过程中，苗族群众经过无数的假设与实践过程，在此过程中得出一套适用于当地生存发展的心理和行为模式，在时间的积累过程中形成独有的乡村文化。所以，苗族村寨内的内生组织形态是主体间、主体与环境关系的反映,其文化是乡村传统生态文化的外化反映形式。

组织是人群为了既定目标而按照一定规则的协调活动。沙因将一般的组织定义为,通过劳动分工和职务分工,以及权力和责任的等级关系,为了达到明确的共同目标,合理协调很多人的活动。[①] 这是早期关于一般组织的定义,从中可见,组织的起源与人类群体行为活动密切相关,组织内部规则是群体内各类社会关系的制度化反映,而组织目标则是对环境适应的阶段性产物。综合来看,组织是人类群体在与周围环境互动过程中形成的动态发展系统。

与专门性组织相比,一般的社会组织是在人的活动过程中逐步形成的,行为取向也偏向于被动或者滞后于与环境的互动行为。而且其组织形态作为群体文化的表现,与其所处的社会环境相适应。不同类型、层级的组织构成了社会组织系统的整体,即社会的生态环境。这个整体中每个基本单元都有其自身的作用与意义,通过彼此间的联系与互动,影响着整体的协调。A村寨作为因显著自然环境特征而形成地理分割的区域,在与自然环境的长期互动中发展出的村寨社会及其内生组织,可视为一个区域性的社会生态系统。这是近千年来苗族与当地环境互动实践的适应结果,体系内的每一个单元都有自己的位置和作用,相互联系又相互影响。以其运行发展的情况来看,在旅游发展以前,A村寨的区域生态整体处于一个相对稳定协调的状态。

(二) A村寨原生社会系统的组织性质与结构

不同的地理环境中的族群具有不同的文化,这与他们长期生存的环境相适应。各族群在与自然生态环境互动的过程中逐步形成一套与环境协调共生的心理、认知和行为模式,并在发展过程中不断积累形成了村寨族群自身的基本观念和文化体系。家庭作为一种以血缘为基础纽带的基本社会社交组织,以宗亲文化和情感作为关系的基础。在特定乡村社

---

① [德] 卢茨·封·罗森施蒂尔等:《组织心理学》,虞积生、黄金凤译,国防大学出版社1986年版,第6页。

会文化体系中，家庭既是地缘组织系统的构成基础，也是组织行为的主体与管理对象，对乡村社会组织的协调与发展具有显著作用。

苗族因其乡村发展历史和生存环境特点，多以聚居为主要生活发展形式。在苗族的聚居地，血缘组织和地缘组织是苗族内部社会基本的组织结构。血缘组织，即通常所说的"家族"或"宗族"，是由具有世代继替关系的父系继嗣群构成的社会群体。地缘组织是以地理界限为划分依据，由多个家族或村寨构成的区域性社会单元。传统上称为"自然地方"，其本质是依托地理环境形成的自然村或村寨共同体。两种组织的功能不同，血缘组织的功能主要是维护家族内部的团结和处理内部事务；地缘组织的功能在于协调不同家族间的利益关系，促成群体联盟以共同应对外部环境，并谋求区域性发展。虽然功能和内在的规制不同，但两种组织的目标是一致的，即在尽量保证每个家族的利益的基础上，协同达成抵御外敌并寻求共同发展的目标。从组织发展视角考察，血缘组织与地缘组织形成互补协调的关系，使苗族社会虽组织结构简约，却能在长期历史进程中实现有效的自我管理。

A村寨苗族的传统组织领袖主要包括"鼓藏头""活路头""族老""寨老""方老""理老""榔头"等，这些传统领袖由于产生的主体范围不同，分别属于血缘组织和地缘组织，所司的职责也各不相同。他们相互之间分工协作，共同维护苗寨的安全与利益。"鼓藏头""活路头""族老"是血缘性质的家族领袖，而"寨老""方老""理老""榔头"是属于地缘性质的自然领袖。"鼓藏头"主要负责召集和主持苗族的祭祀、祭祖活动，"活路头"则主持安排农业生产，"族老"则是某一宗亲家族的领袖。"方老"是自然地方的领袖，每个自然地方范围内包括若干相互有血缘族群联系的村寨；"寨老"是各个苗族村寨的领袖；"理老"主要负责民间纠纷的调解、裁断；"榔头"主要负责刑罚，维持地方治安。其中，"鼓藏头"和"活路头"是世袭的，而其他自然领袖一般由群众选举推出。"议榔"是苗族社会为了维护地方治安和社会秩序，由"方老""寨老""榔头"等组织的群众议事会，以对内部的各种重要纠纷和外敌入侵进行商议、决断。"议榔"大会一般每年举行一次，如果社会安定、无争无议，也可两三年举行一次，遇外敌来犯时则临时召开。① 历史上行政管辖并没有介入和干预苗族传统文化，因此生产生活中社会传统习俗传承的原生环境得以延续，使得负责苗族传统祭祀与生产仪式的"鼓藏头""活路头"等角色，至今仍以世袭或传统推举方式留存于部分苗族社区。

A村寨的内部社会组织形成也是以血缘和地缘关系为基础的，家族内部的支系裂变（开亲）促使血缘关系与地缘关系逐步交织融合。A村寨内部的复杂关系，源于村寨地缘性与血缘性的交织渗透及相互嵌套。A村寨既是地缘性的"自然地方"，也是血缘性的一个"鼓社"。就地缘性的"自然地方"而言，A村寨内部由于社会和人口的发展，逐步形成8个血缘关系密切的小村子。就血缘性的"鼓社"而言，A村寨就是一个整体。作为一个宗族，A村寨苗族拥有他们共同的家族领袖，即"鼓藏头"与"活路头"。"鼓藏头"的主要职责是主持苗族每12年一次的大型祭祖活动——"鼓藏节"；此外，也主持苗族其他节日活动。同时，还要负责处理宗族内部事务和纠纷。"活路头"的主要职责是管理农业生产，即安排什么时候"动土"生产，什么时候育种、插秧等农事活动。他们管理的构架是家族—房族（家族分支）—家庭，管理的范围是共同祖先的后代（父系）。从地缘性的角度来看，A村寨苗寨"自然地方"管理的范围有三个层次：A村寨苗寨—8个自然村寨—各家各户。A村寨苗寨"鼓社"领导的范围也有三个层次：全宗族—各家族—家庭。由于A村寨苗寨的地缘性和血缘性基本是重叠融合的，所以二者的组织也基本上合二为一。"方老""寨老"等也就是"鼓主""族长"等，他们既是宗族的领袖，也是地方的行政长官。②

A村寨内部的社会组织结构形态，经历了从以宗族血缘关系为主，由家族领袖领导的"族群—家庭"式的简单组织结构，向复合组织形态

---

① 许若愚：《浅谈我国少数民族区域自治制度的状况——以西江苗寨为例》，《知识经济》2014年第24期。
② 张晓：《西江苗寨传统文化的内在结构》，《中央民族大学学报》（哲学社会科学版）2008年第2期。

发展的过程。A 村寨苗族在生产发展过程中与环境之间不断互动、变化发展，逐步形成以地理环境为基础，以宗族血缘与自然地缘关系两者相叠加，由宗族和自然领袖共同领导的"宗族—村寨家族—家庭"为主体结构的社会组织形态。A 村寨内部的领袖也随着组织形态的变化有相应调整，其管理职能因为管理对象的重叠发生了一定程度的融合。这里可以看出，A 村寨内部的组织形态与领导层的变化，是一个苗族群体组织与外部环境互动过程中的内部整合过程，体现为不同的阶段特点。A 村寨村组织关系与其社会生态系统关系是一致的。

（三）A 村寨传统组织的心理环境分析

前面有学者提出，组织是一个开放的系统，而这一开放性是通过与环境的互动作用来实现的。社会学家乔治·霍曼斯提出，不论是小规模群体还是大型组织，均可视为社会系统的不同层级形态。这个系统由三个部分构成：物理环境是基础，它包括地形、气候、格局等；文化环境是自身运行基础，包括价值观、规范和社会目标；技术环境是外部支持，包括系统完成任务所需的知识、状态信息及器械资源。① 这三个环境构成相互联系、相互作用的体系，该框架模型是从组织与社会环境的关系视角构建的。

具体分析不同组织的这个社会系统时，就发现不同性质的组织，这三个环境的关系作用和影响力度是有差别的。以自然物质为生产生活基础的乡村组织对于物理环境的关系较为紧密，乡村村寨也具有相同甚至是更为典型的特点。长期以来，由于地理环境的特殊和限制，农业一直在 A 村寨产业结构中占据着绝对主导地位。崇山峻岭间的森林、河流、山地是 A 村寨苗族赖以生存、生产的自然环境基础，以此建设发展起来的苗族村寨与周围的环境融为一体。村寨苗族过着简单自在的生活，由于受环境条件限制，与外界的联系很少，社会经济发展速度较为缓慢。旅游大规模开发前的 A 村寨经历了一个封闭到半封闭的过程，这是对于

---

① [美] 埃德加·沙因：《沙因组织心理学》，马红宇、王斌译，中国人民大学出版社 2009 年版，第 189 页。

外部社会环境而言的。究其生存的自然环境，苗寨是开放的组织系统。村寨群体与其生存的自然环境在实践活动中相互作用，从行为的适应到内在心理的协调，在此过程中逐步形成组织的心理环境，积淀为体现成功经验的心理运行模式，并外化为特定的体系。苗寨和苗族文化的形成都是苗族群体与环境互动作用的结果，而技术环境只是其实践活动过程的行为作用体系。当苗族群体逐步实现自身规范后，就通过民族文化的构建过程逐步对社会生态环境产生不同的影响。苗族世界观与传统文化体系的形成，是苗族群体与环境长期互动的过程，而 A 村寨内的组织结构及特点也是其文化的一种反映和体现，具体关系如图 4-2 所示。

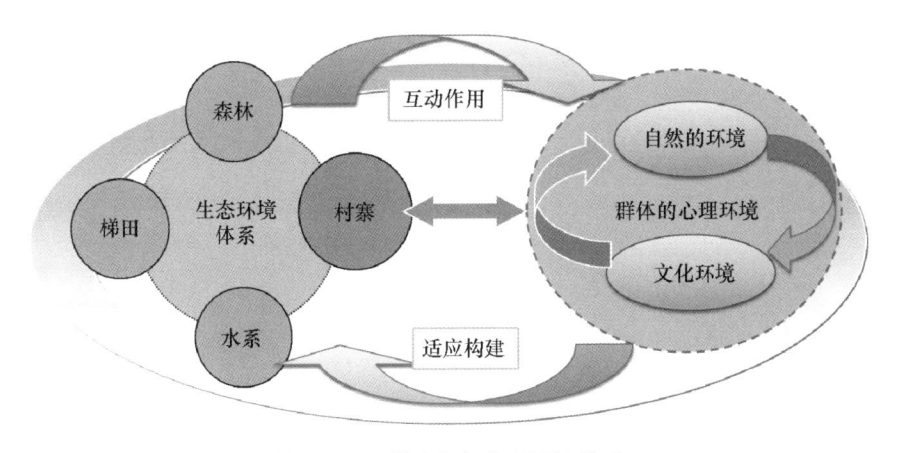

图 4-2　A 村寨组织心理环境关系

第三节　A 村寨景区及管理层组织形成演化的过程

A 村寨景区的形成与发展，是外部旅游经济环境对原生环境的介入、管理层的组织引导及多元要素复合发展的统一过程。A 村寨景区地方政府管理层属于复合组织，其组织文化由行政组织文化环境决定，具有典型的行政管理机构特点。从旅游发展初期的协助者，到 2008 年的旅发大会——40 人的领导小组，撤掉领导小组后建立的景区管理局，再到 2014

年的管理机构合并升级。管理机构的一系列调整演化，反映地方政府管理层权力在 A 村寨景区的拓展与深入。它是在旅游经济的发展过程中，通过对 A 村寨景区内原有社会生态环境变化的适应调整而逐步实现的，实质体现了不同文化背景的组织主体间的互动。

一 A 村寨景区管理层组织结构变化过程

2008 年，为了旅发大会的召开，地方政府组建了由县委书记任组长，县各行政单位主要负责人、A 村寨镇镇长等 40 人组成的县 A 村寨景区旅游产业发展领导小组，专门负责 A 村寨旅游开发管理的组织工作。组织结构如下：县 A 村寨景区旅游产业发展领导小组，下设 A 村寨风景管理局和 A 村寨景区管理委员会。A 村寨风景管理局负责游客服务中心的管理；管委会负责经贸招商、开拓市场、景区规划建设与保护、乡村文化保护与开发，以及景区秩序的维护和旅游从业人员的培训。与此同时，A 村寨镇政府下设旅游工作站，配合管委会负责维护景区秩序，协助管委会搞大型活动以及紧急事件的处理，具体结构如图 4-3 所示。

A 村寨景区属地方政府主导旅游开发与经营管理的典型代表。地方政府出资成立文化旅游发展公司（以下简称"公司"），负责景区的经营业务。公司目前内设 12 个部门，即董事会、经理会、行政部、财务部、人力资源部、票务部、交通营运部、工程与园林绿化部、营销企划部（下设网络中心）、旅行社、安保部、环卫部，并成立了乡村产品开发分公司、A 村寨苗族文化演艺公司。这表明地方政府已经将 A 村寨村作为一个旅游景区来经营，发展目标明确，对其经济效益有了要求，管理的性质向企业化发展。旅游公司与景区管理局是平行关系，公司负责 A 村寨景区的旅游业务经营、财务事务管理，管理局则负责行政事务与景区具体事务管理。两者均属于政府下设部门，有联系但职能不同。旅游发展过程中，旅游公司由于业务需要吸纳部分村民作为工作人员，解决了少数村民的就业问题；而管理局则是景区的直接管理组织，面对和管理村民群体。所以，矛盾冲突直接且较为集中。

此后，基于管理工作的具体需求，A 村寨景区对管理组织结构作

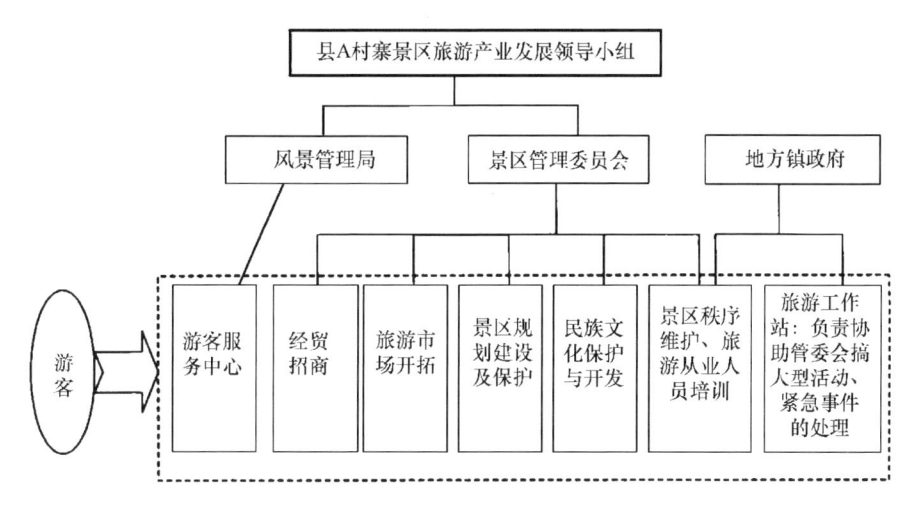

第四章 A村寨景区社会环境与组织复合化研究

图4-3 旅发大会时期A村寨景区管理层结构

资料来源：费广玉、陈志永：《民族村寨社区政府主导旅游开发模式研究——以西江千户苗寨为例》，《贵州教育学院学报》2009年第6期。

出了如下调整：A村寨镇政府纳入管委会的范畴，开始"镇区合一"的形式，具体结构如图4-4所示。之后管委会更名为A村寨景区管理局，管理职权范围与管委会相同。2014年，A村寨苗寨作为贵州景区管理体制机制改革示范点，通过建立"镇区合一"的管理模式，按照构建大A村寨景区的思路，将管委会、地方政府部门等进行整合重组，负责统筹和管理A村寨镇和A村寨景区的开发、建设与管理，具体组织结构如图4-5所示。地方政府通过提高管理组织的行政级别来体现对A村寨景区旅游发展的重视和管理的体制变化。组织结构层级保持稳定，属于典型的机械式结构；但横向分化日益精细，为应对市场发展与细分管理奠定了积极基础。调整后，A村寨景区"镇区合一"管理模式下政府相关部门的条块分割更加明显，尽管职责划分更为细化明确，但从组织管理视角看，这不利于部门间的联系沟通与协调互动。与此同时，它试图通过逐步实现政企分开，达到优化A村寨旅游公司管理结构、提高公司运作效率的目的，但实际的运行必须得以村寨景区内部村民群体的协调度为基础。

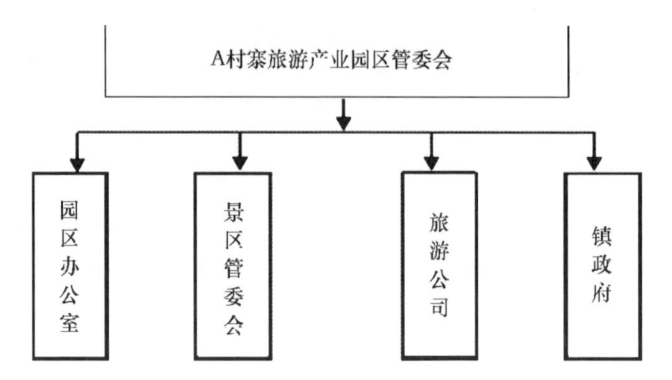

```
                    ┌─────────────────────────┐
                    │  A村寨旅游产业园区管委会  │
                    └────────────┬────────────┘
         ┌──────────────┬────────┴────────┬──────────────┐
     ┌───┴───┐      ┌───┴───┐         ┌───┴───┐      ┌───┴───┐
     │ 园区  │      │ 景区  │         │ 旅游  │      │ 镇   │
     │ 办公室│      │ 管委会│         │ 公司  │      │ 政府  │
     └───────┘      └───────┘         └───────┘      └───────┘
```

图 4-4　旅发大会后 A 村寨景区管理层结构

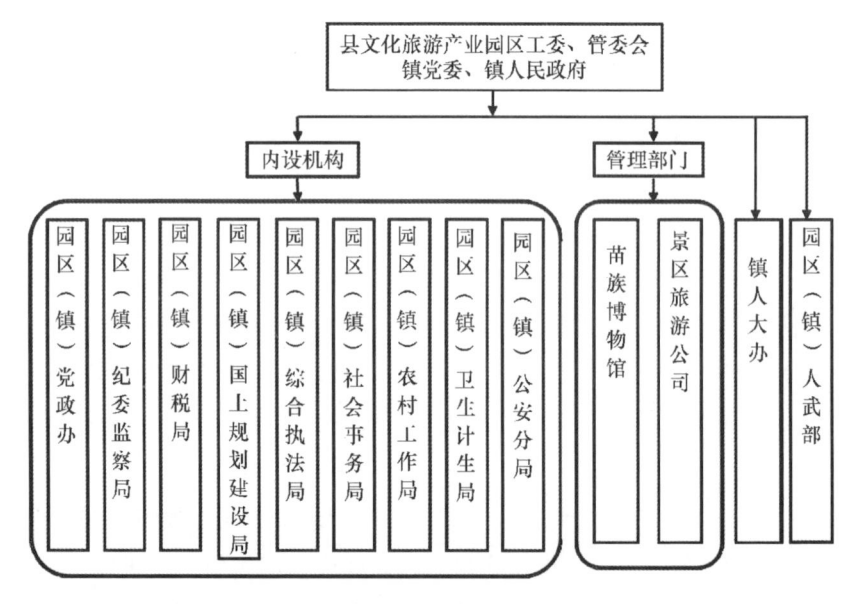

图 4-5　县文化旅游产业园区构建

资料来源：县旅游局。

二　A 村寨景区管理层组织系统分析

一个组织总是处于它存在的社会生态系统中，想要了解和应对它所处的关系环境，必须对其内在的依赖和关系有明确认知与理解。A

村寨景区管理层的组织结构属于纯粹的机械式结构（Mechanistic Structure），其特点表现为高度复杂化（尤其是横向分化程度高）、高度正规化、规定性资讯网络（即信息沟通方式以下行沟通为主），且低层人员参与决策的程度较低。[①] 机械式结构的组织具有规范严谨的构造形态，主要依靠正式职权和清晰的层级体系协调组织内各项活动，并通过调整层级结构实现对下行控制力的优化，呈现出显著的集权特征与权力距离感。

管理层组织的构建和体制改革过程体现出组织文化特点。A 村寨管理层组织的改革主要集中于组织行政级别与内部各部门之间权力、结构关系的横向调整，并没跳出传统行政组织文化的束缚和影响。对地方政府管理层与 A 村寨村民之间权力结构关系的本质缺乏清晰认知，决策、政策与管理行为模式均体现出明显的地方政府权力中心倾向，未能与 A 村寨景区内的主体组织关系相适配。这体现着组织文化与领导力的内在关系。基于传统的政治文化环境的管理层组织，其认知方式、决策管理行为都是基于自身组织环境的文化模式，无论经过多少次的改革，都是基于自身组织心理模式的行为。这里我们可以看出管理层组织对于所处社会生态系统，以及相互依赖的组织关系缺乏清晰认知和调整意识。单纯对组织结构和管理体制进行调整，而不考虑组织实际的关系环境因素，无法与 A 村寨苗寨的苗族传统社会生态系统形成有效对应，进而达成预期的管理控制效果。若缺乏整体对应与有机联系，景区空间内组织系统的各层级主体将无法形成有效的联结与互动。若缺乏统一认知，加之组织主体间的文化背景差异，将引发互动负效应，进而导致组织系统内的关系混乱与管理无序。这就要求组织化程度和发展水平都较高的组织主体进行协调性引导和帮助，而非单纯性控制，这样才能在互动分化的过程中逐步实现组织的整合与发展。

[①] 王垒编著：《组织管理心理学》，北京大学出版社 1993 年版，第 20 页。

第四节　A村寨景区组织构成及复合社会系统分析

一　A村寨景区组织构成与层次关系分析

A村寨景区化与组织复合化的过程既是环境间的交互作用，也是两个不同文化背景组织系统的交互适应过程。村民群体与管理层都有一套自行有效的组织文化与环境关系，景区构建不是单纯的形式叠加。A村寨景区是在空间与功能叠加的基础上，由两个组织体系交叠形成的、具有层级结构关系的组织复合系统。对于这种组织形态，利克特（Rensis Likert）的交叠群体模型提供了理论解释：组织可被定义为连锁群体系统，其中连锁群体通过在双重关系中占据关键地位的个体联结，这类个体如同两个群体间的联结销。①

需要明确的是，利克特的研究对象范畴在一定意义上突破了传统组织内涵，其关注的是更大范围、运行方式异于传统的群体系统。他用群体来说明，是因为从属性来看，群体比组织具有更大的灵活性和可变性特点。从这个理论模型可以推出，任何一个群体或者系统的相关环境都可能是其他系统或群体的组合，而不是个人的。这是群体系统整体性的体现。沙因将这个组合解释为由三部分构成：（1）大型系统，如完成相似工作的整个复杂组织甚至是整个社会；（2）同层次系统，如可比较的组织、消费者、社区等；（3）给定系统中的子系统，包括正式的和非正式的工作群体。② A村寨苗寨景区组织的形态基本是与这个组合相对应的，它是一个由相同级别的不同村寨组合并受管理层统一管理的旅游景区，超出了一般意义上的组织，相当于利克特模型中的大型系统，其中

---

① ［美］埃德加·沙因：《沙因组织心理学》，马红宇、王斌译，中国人民大学出版社2009年版，第195页。
② ［美］埃德加·沙因：《沙因组织心理学》，马红宇、王斌译，中国人民大学出版社2009年版，第195页。

包含着不同层级的景区管理层与管理的对象村寨居民群体,还有同级的四个主体自然寨以及村寨内各家各户的村民群体子系统。该系统包含两层含义:一是自然地理范围内以自然环境为整体的生态系统,二是人类社会的社会生态系统。这两个系统在属性上存在差异,属于相互开放、交互作用的系统。

从一般情况来看,村寨景区所构成组织的属性是有差别的,这主要体现在管理层和村民群体组织关系上。它们所拥有的文化基于不同的社会环境,内部已经形成特有的组织规制。村民主体对不同管理层关系与行为的认同度,将决定景区组织内部关系的状态。即村民对村支书等,以及管理局的关系和管理行为的认同情况,反映出景区管理层组织系统的关系行为趋向,同时也能反映出景区内部社会生态关系及管理主体关系的变化。这里所提出的管理层不是一般意义上的管理者或者领导,它是一个复合的管理层系统,应对的是村寨景区的复合组织形态。这个管理层系统包括代表地方政府利益的景区管理局、行政村属性的村委会等。这些都是景区形成之后存在的管理实体,按照管理权能的大小和对村民的意义构成一个关系体。其对景区内的主体关系协调起着重要作用。

从实际的调研情况来看,管理层组织系统中的管理局作为权力、决策、监督的主体与主导者,其认知和建构的管理层关系,与实际环境中村民群体认可的管理层关系存在差异。管理局的管理模式是从上至下的任务执行过程,即由县委县政府—管理局(或者旅游公司)—村委会(老年协会)—村民的任务执行管理过程模式。管理层有严格的组织目标、结构和规制,决策和管理过程都有严格的程序与规范,具有较高的组织化程度。而村民群体的管理模式为自下而上的集体讨论或协调模式,其具体结构表现为个人之间或家庭—村民小组—村规民约(或村委会)的层级联动。日常管理以流水账记录和特定问题范围内的讨论为主要形式,组织结构松散,组织化程度较低。在整个系统中,管理层处于绝对主导地位,与村民群体主体之间的关系存在错位与不协调。管理政策的制定过程中,村民群体并未直接参与,其意见也未得到重视与反馈。由于主体之间的管理模式不对称,以及本质关系的不协调,矛盾冲突不断酝酿累积。

　　景区组织主体之间的关系，由各自所处的社会生态环境中的位置和其组织属性功能所决定。管理层中不同主体与村民群众的内在联系及互动作用，体现了景区组织关系的结构特征与差异。在这样规模的组织系统里必然形成不同层次的文化体系，而属于整个景区的统一组织文化在景区发展的初期是不存在的。从组织规模来看，能否构建整体性的组织文化仍是一个有待考证的问题。景区属性可能仅是 A 村寨某一阶段的发展定位与目标，而村寨作为社会生态环境的组织基础，乡村文化则是村寨组织的文化基底。村寨组织系统功能的稳定与提升，以及整体文化构建才是村寨组织系统发展的根本。

二　A 村寨景区的复合社会生态系统分析

（一）A 村寨景区整体社会组织系统分析

　　企业的组织结构是有目的的计划性产物，而原有村寨的社会组织结构则是在适应自然环境过程中演化形成的、人群与自然互动的产物。景区的形成是原有村寨社会生态系统复杂化与复合化的过程，具体的组织复合化是通过 A 村寨地区旅游开发中旅游经济环境与管理层组织的介入及互动实现的。这里要分析说明的是旅游经济的环境特点，即旅游产业是集吃、住、行、游、购、娱等要素于一体的综合性产业。旅游项目特别是大众观光旅游景区的开发对旅游目的地的连接是全面的，随着旅游发展过程的深入，产生的影响逐步扩大。与之相对应，组织管理体现全面性和深入性，而非一般项目管理的介入有限性。这也是外环境复杂性的体现，是景区组织构建和发展所要面对的环境基础。景区内原有的村寨生活环境是一个相对完整的社会生态系统，内外两个环境系统的交互作用，必然形成一个复合的社会生态环境和组织体系。

　　前文分析了景区组织的复合形式由管理层体系和村寨社会组织系统两大主体构成，是在 A 村寨环境范围内，两组织在交互过程中逐步形成的新社会生态系统。这一社会生态系统的构成有特定的组织层次、组织关系结构，以及组织功能，即组织主体的生态位。生态位是生态学的一个重要概念，主要指在自然生态系统中，一个种群在时间、空间上的位置及其与相关种群之间的功能关系。这种种群之间的功能关系也适应于各种经济、社会实体。① 景区内的传统社会生态系统中，村民群体是组织主体，村民群体与自然环境相互适应所形成的生活环境——生态景观，是物质基础与资源主体；管理层组织作为介入体，发挥着引导、协助管理与合作的功能。管理层在与村民群体的互动协调中形成有机连接，对景区资源进行合理开发与利益共享，并在景区发展的过程中与村寨群体主体形成共生的组织目标体系，实现景区组织的整合与新文化体系构建。这是本书的理论假设，这一假设的前提是组织的平等，包括权利、能力和义务的平等。

（二）A 村寨景区组织复合性变化过程

A 村寨景区组织复合化过程是其社会生态环境复合化的体现。组织是其社会生态系统的一个主体组成部分，其属性与社会生态系统的属性相对应。与前文组织研究对象的复合化——属性的复合化发展对应。景区内部称之为组织系统的根本原因在于其属性的复合性，即包括了不同性质的主体：管理性质的正式组织、以村民家庭血缘关系为主的社交组织，以及由旅游经济关系逐步形成的景区内非血缘的非正式组织——各类协会和一般群体（利益关系群体）。它的组织构成经历了一个从传统的村寨社会组织—新政治环境下的社会组织—旅游景区复合组织的过程，具体变化过程如图 4-6 所示。

这一复合组织是由旅游经济发展引起的社会环境变化，所产生的村寨内部的社会组织分化，以及景区形成的新组织系统的构建整合过程的共同体现。这是景区社会生态系统的实现过程。其中的各个组织主体必须明确自身的属性、社会生态位和功能目标，并能认识环境中各个相关组织主体的依赖关系和主次关系。在统一的认识下，对应关系的相互联系与作用，才能实现有机的互动、适应和协调发展。

---

① 钱俊生、余谋昌：《生态哲学》，中共中央党校出版社 2004 年版，第 163 页。

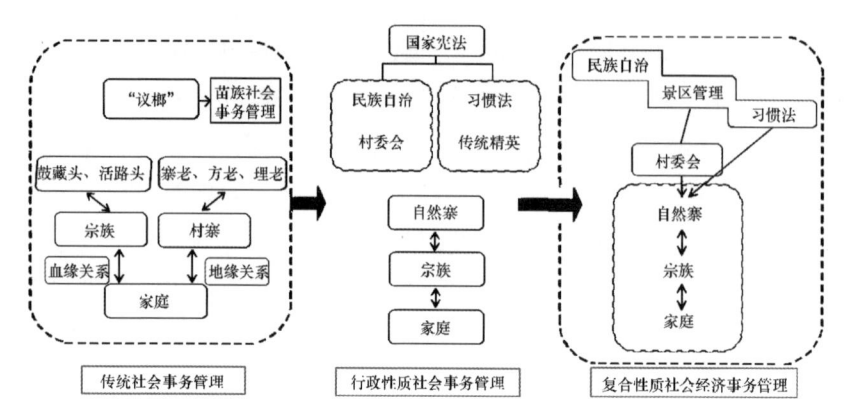

图 4-6　A 村寨组织结构与性质变化发展过程

（三）A 村寨景区组织系统不稳定性分析

A 村寨景区组织主体之间存在关系错位和认知不对称的情况。作为 A 村寨景区的开发方和管理主体，管理层由旅游开发与管理的行为实现对原村寨社会的介入，其实质是管理层与原有村寨传统社会文化的互动。管理层介入的是已经有传统文化的苗族社会体系，管理的对象是继承传统规制的组织，以及以血缘与情感为主的苗族家庭。它的介入方式一定程度上决定了管理的效果。管理看起来是一个认知和管理过程的差异问题，但其实质是组织文化的差异。景区内村民群体作为组织的主体，其有效的运行模式是传统的乡村习惯法——村规民约，这与群体的整体文化与发展水平相对应。当然，随着经济环境、群体意识的发展，两者的作用比重发生一定的变化，但依旧有很强的约束力。另外，A 村寨景区管理层的组织结构则是由地方区域经济发展目标所决定的。它具体的结构形式反映出鲜明的政治文化特点，其变化过程也体现出地方经济发展目标的变化，以及行政管理的传统模式。从管理层组织的决策和措施以及具体行为上看，他们并没有将景区视为一个整体的组织系统，以适应 A 村寨社会生态系统的关系互动管理；而是居于景区的领导层，从对 A 村寨资源与整体的控制出发，对村民实行垂直式管理。这样的情况下，A 村寨景区出现了组织系统的村民群体、组织与管理层不同团体之间的组织错位、结构不能相互支撑、连接关系不协调等问题。管理层组织掌控了景区的资源开发决策与经济收益的分配权,处于景区社会环境关系的顶层;村民群体组织主体权力空化,处于关系的弱势方,资源利益受影响。生态位错位导致各要素间缺乏有机连接,使得社会生态环境中的能量无法有效流动和转化,矛盾逐渐累积为冲突极点,进而造成组织系统的不稳定。原因有两个方面:一方面是村民群体组织自身发展能力缺乏,对旅游经济外环境不适应;另一方面,管理层对景区社会生态关系的认知不到位,无法准确判断关系主体的应有定位与属性,未能充分发挥组织功能以协助促进村民组织的适应性发展,也未能有效协调双方关系。而这些最终都归结为组织主体文化体系的差异。若要使这个阶段的社会生态系统稳定,各主体形成对应关系和有机互动,协调发展,就必须对其文化系统进行调节与构建。

第五章　A村寨景区组织功能失调与冲突系统研究

本章是基于复合组织分析框架对A村寨景区社会生态系统与组织的具体分析，确定A村寨景区组织的功能失调状态。以旅游经济环境对A村寨原生社会环境介入的前后，以及管理组织深入的交互作用影响为线索，具体分析景区内两个关系主体之间的关系变化与矛盾累积过程。从A村寨旅游开发前后不同的社会环境中，各主体之间互动形成的物质冲突进行对比分析，构建A村寨景区冲突体系。进而以组织文化体系分析研究A村寨冲突的内外原因，提出冲突转化对于组织功能正常化的作用和意义。

第一节　A村寨景区组织功能失调的表现：冲突系统分析

A村寨存在的矛盾冲突变化从外部看以旅游规模发展的前后作为分界点，其内部实际是A村寨社会生态系统的一个复合变化过程。在此过程中，旅游经济环境的介入以及政府管理层介入的深入，引发了社会环境关系的变化。由此产生的矛盾冲突在性质、影响范围和激烈程度上均存在显著差异，且呈现出社会组织系统的层次变化与特点。因此，本书就以旅游经济发展与管理层介入前后的实际情况作对比分析。

一 A村寨景区原生社会系统中的组织冲突分析

(一) 原生社会生态系统

组织与环境的互动实践是文化构建和发展的物质基础。A村寨苗族与周围生存环境经过数百年的互动适应，形成了一个相对稳定的社会生态系统：四个行政村以自然格局划分，以血缘宗亲相联系融合的A村寨。在与外环境联系甚少相对封闭的阶段，经济也相对独立，虽然不富裕但有自主的权利。此外，在地方政府管理层深度介入A村寨前，即旅游还未大规模开发的阶段，A村寨以农业经济为主导，经济水平较低，村民收入普遍不高，村寨内组织结构和关系简单。

旅游开发前，A村寨村民的收入与其所处的自然生态环境紧密关联，并共同构成一个相互联系、互补的体系。农业收入是旅游发展前A村寨村民的主要收入，平均值占总收入的56%。A村寨四个村寨的收入是根据其所处地理环境的差异而对应变化的。劳务收入随着农耕收入的递减而上升，这是处于农耕地理条件劣势的村民通过劳务来弥补收入差距的一种方式。在旅游未大规模开发之前，由于交通可达性、基础设施、区位等因素，A村寨的旅游收入十分有限，平均只占到总收入的12%。而内部每个村寨的旅游收入也与其所处的自然地理环境相联系，这个因农耕自然条件优劣所决定的经济收益体系在这个阶段是合理的。此时，社会生态环境处于一个相对封闭的稳定状态，总体经济发展水平不高，村民之间的经济收入差距不大。

(二) 原生社会环境中的冲突分析

基于前文的分析，农耕为主的组织关系及收入体系与旅游开发前A村寨原生社会生态环境是协调一致的。传统苗族文化中的"均质化"价值观维持基本社会关系。社会环境中的各个组织、群体的关系也比较协调稳定。这个阶段，A村寨的核心冲突是社会性矛盾与纠纷。问卷专门针对"旅游发展前的矛盾冲突"内容进行了调查（见表5-1），结果显示，A村寨在旅游发展前的主要矛盾是"日常生活矛盾"和"田地房产矛盾"，分别有55人（47%）和44人（37.6%）选择；然后是"村寨之间的公共事务矛盾",有 30 人（25.6%）选择。具体调查显示,有接近 90% 的村民认为旅游发展前的 A 村寨村内是比较稳定的。

表 5-1　　　　　　旅游发展以前的 A 村寨村内部矛盾冲突

	人数（人）	所占比例（%）
日常生活矛盾	55	47
家庭矛盾	6	5.1
田地房产矛盾	44	37.6
村寨之间的公共事务矛盾	30	25.6

注：此题可多选。

深入分析，旅游发展前 A 村寨社会矛盾主要集中体现在几个方面，以矛盾发生的组织层次可以分为三个层面。第一层是"家庭"基本层面的矛盾，主要包括家庭内部关于赡养老人的纠纷、分家宅基地纠纷、婚姻纠纷。第二层是自然寨之间，以及村寨内部不同家庭之间的矛盾，主要体现在"田地房产矛盾"，即承包边界问题和农田用水纠纷。这里的"田地房产矛盾"主要是社会属性的，区别于旅游开发以后的经济属性。第三层是整体层面的矛盾，即 A 村寨社会环境内的一般矛盾，包括各类日常事务、个人矛盾。上述矛盾冲突中，第三层以"日常生活矛盾"为主。而家庭内部或家庭之间的矛盾，由于村寨社会传统习惯法的维系，以及内部各个宗亲关系的协调处理，都能够将矛盾有效控制在一定范围内，很少发展为群体性冲突事件。总体而言，在该阶段，A 村寨社会内部的社会生态关系处于相对协调稳定的状态，社会内部各组织主体之间的关系相互适应、协调。村寨内冲突的核心和主导是"社会性"矛盾冲突，混合有一定经济属性矛盾。冲突的激烈程度不高，冲突自我管理效率相对较高。同时，虽然地方政府与村寨之间有一定的行政辖属指导关系，但由于地方政府权力介入的程度有限，村寨内部的组织、群体与政府管理组织之间处于相对独立、协调的社会关系状态，并没有形成主要核心的矛盾冲突。

二 A村寨景区环境变化与组织冲突体系构成

（一）A村寨景区社会生态环境变化

2008年是A村寨环境变化的分水岭。以前，由于外部环境和物质条件的限制，A村寨苗寨旅游一直处于缓慢的自发展状态。借旅游发展大会的契机，A村寨旅游进入飞速发展阶段，实现了物质环境、经济环境、社会环境的变化。

为迎接2008年旅发大会，地方政府通过整合各类项目资金和争取银行贷款，于2008年上半年旅发大会召开之前投入1.8亿元之多完善A村寨景区建设，共完成重点项目建设26个。此外，苗族博物馆也建成开馆。所有的基础设施建设都是通过"土地流转"来完成的，即地方政府征用老百姓的田地做旅游发展的建设，这是A村寨景区物质环境的变化。A村寨旅游的快速发展带来了地方经济的发展与村民收入的变化。县旅游局统计资料表明，在2008年9月26日至11月20日，不到两个月的时间里，A村寨游客就达49.9万人次，是2007年同一时段4.2万人次的11.9倍。旅游发展以后，到2009年9月，A村寨农民的人均纯收入从2007年的1800元增加到3200元，其中旅游收入1100元，比全县的平均水平高947元。在此过程中，地方政府建立了景区管理局、旅游公司，对A村寨景区进行全面规划，市场宣传与形象打造，并从资源开发、管理到规制、社区参与等方面逐步介入并深化。这一过程对A村寨的原生社会环境产生了巨大影响。村民群体内部从思想认识、身份、生计方式到人际关系的变化，共同促成了社会关系的变化。物质、经济与社会环境的变化共同作用，形成了整个A村寨社会生态系统的变化。

（二）A村寨景区冲突体系构成

A村寨是在空间功能叠加基础上形成的复合组织体系，具体体现为属性与形态结构的复合性。这是组织冲突产生的物质基础。A村寨景区的特殊形态决定了其组织冲突的特殊性。经济关系变化反映内部的社会关系结构变化，以及利益收益掌控格局的变化。管理层内部关系的复杂性使其与村民之间的互动也趋于复杂；村民身份呈现复合化特征，村民之间的关系及思想观念也开始复杂化。两个组织系统因文化差异、能力水平差异而深入互动，导致 A 村寨原有社会生态系统的平衡被打破，复合环境内的组织冲突不断形成并积累。

A 村寨景区的冲突是组织系统与环境相互作用后，各关系主体之间关系状态的表现。因为组织的复合属性，其冲突也体现复合性。从冲突的表现看是经济利益不均所导致的经济问题，这是冲突的物质层集中表现，也是其核心冲突。这一表现反映出组织系统内部各主体关系存在多层次性、差异性及不协调问题。从组织系统关系来分析，其冲突分为三层。一是管理层与村民群体的矛盾，这是组织文化内在差异引起的；二是组织体系内同一层级村民小组间的矛盾冲突，这一层级的矛盾源于自然资源差异导致的利益收入分配问题；三是旅游发展后，收入差异形成的"贫富差距"导致村寨内群体分化及群体间的矛盾冲突，其中包含因自我能力差异与管理制度差异而加剧的矛盾。组织内部不同层级群体之间的矛盾源于对组织文化系统的认知差异，具体体现为认同一致性的差异。

以 A 村寨景区组织冲突系统的构建为基础，依据景区实际冲突的内容与情况归纳分析，笔者在问卷中设立"现在景区内你所遇到或者知道的最突出的矛盾冲突"内容（见表 5-2），进行调查和深入访谈，然后让被调查者按照冲突激烈程度对各项目进行排序。结果显示，排在首位的是"村民与管理者的矛盾冲突"，回收的 117 份有效问卷中有 104 人选择该项，以激烈程度排序时，有 57 人把该项矛盾排在第一位；第二位是"田地房产矛盾"，有 101 人选择，其中 37 人认为这个矛盾是最激烈的；第三位是"村民之间的矛盾"；第四位是"旅游经营矛盾"。而旅游开发前的主要矛盾——"日常生活矛盾"与"家庭矛盾"依然存在，但分别只有 20 人和 15 人选择，排在最后两位。以上调查结果体现出 A 村寨景区主体矛盾冲突的变化趋势。

表 5-2　　　　　　　现阶段 A 村寨景区内主要矛盾冲突

	人数（人）	冲突激烈程度排序
日常生活矛盾	20	6
家庭矛盾	15	7
田地房产矛盾	101	2
村寨之间的公共事务矛盾	52	5
旅游经营矛盾	78	4
村民与管理者的矛盾	104	1
村民之间的矛盾	84	3

A 村寨景区的矛盾冲突在旅游发展的过程中逐步复合化，核心冲突也发生转变。"村民与管理者的矛盾"成为首要矛盾。深入访谈发现，第二位的"田地房产矛盾"与以前的内涵也有差别。"田地房产矛盾"表面上看是冲突的内容，之所以要提出列入具体冲突项目，是因为它同时存在于村民与管理者的矛盾，以及村民之间的矛盾中，包含了经济属性和社会属性，体现较为突出的复合性。旅游发展前的田地房产矛盾，主要属于农业用地范围，是以社会属性为主的矛盾；现在的田地房产矛盾绝大部分是由于旅游开发原因，为争取建房指标扩建宾馆客栈，以及修建宾馆、旅游经营过程中的占地引起的矛盾，是经济属性为主兼顾社会属性的矛盾。同时，"村民之间的矛盾"也出现复合化，不再是原生环境中社会性为主的日常生活矛盾，而转变为包括旅游收入差距造成的贫富差距矛盾与旅游经营矛盾在内的复合矛盾，并有向经济性为主发展加剧的趋势。深究其内在联系，源于旅游发展所引起的新经济关系正在 A 村寨社会内部形成。所以，目前 A 村寨景区的冲突是以"村民与管理者""田地房产"矛盾为核心，以经济性冲突为主体的"经济性+社会性"复合冲突体系，与其存在的 A 村寨社会生态环境相对应。

三　A 村寨景区组织冲突体系解析

(一) 核心冲突 (属性、形成及表现)

由 A 村寨的冲突体系构成分析得出，A 村寨景区的核心冲突是

"村民与管理者"与"田地房产"的冲突,其本质是属于"经济性+社会性"复合冲突,与 A 村寨景区现阶段"旅游经济+农业"的复合化社会生态环境关系相对应。核心冲突是随着景区管理层介入 A 村寨社会环境过程而产生的,这是一个基于景区开发建设进而对整个景区实行控制的过程。管理层通过管理决策、规制和利益分配的制定等行为,从 A 村寨景区的各项旅游收入中,直接获取或间接挤压村民共同收入来逐步实现自己的利益最大化。A 村寨的整体是一个旅游资源实体,也是一个完整的旅游生态系统,内部有一个结构合理组织关系协调的社会生态系统。其产生的利益也是一个共有、共享的对应分配体系。这是 A 村寨内部村民对于这个景区和利益收入的基本认知与集体理想假设。实际上,景区内部不同层级组织的核心价值观差异,以及旅游经济发展引发的社会内部分层,导致共有利益分配不公。这一阶段,所有的矛盾几乎都集中于经济利益,或者由利益引发的其他矛盾。矛盾范围扩大化,并在不同的范畴内深化、复杂化,最后激化而导致了群体性的正面冲突。

1. 管理层与村民之间的矛盾冲突

管理层与村民之间的矛盾冲突是景区冲突的核心部分。这一矛盾外在是村民因为村寨景区收益分配权被管理层掌控而产生的冲突,实质是外部组织介入 A 村寨资源享有的权利过程。这是两个来自不同社会生态系统背景的组织群体之间的交互,其阶段性结果表现为 A 村寨的资源利益被逐步侵占。与村民内部矛盾相比,村民与管理层之间的矛盾冲突是不同层级间组织主体价值观差异导致的根本矛盾,涉及苗族文化的核心价值观——均质主义,所以是最根本、最激烈的冲突。

具体地从 A 村寨旅游发展前后地方政府和农民收入的差异情况分析(见表 5-3),可以看出景区内主体之间的利益收益的明显差距和收入分配的偏向,也反映出农民权益的受损情况和旅游发展中的弱势地位。

表 5-3　　　　　　　A 村寨景区经济发展对比情况（单位：元）

	2005 年	2012 年	年度比值
农民人均纯收入	1452	8520	5.87
旅游收入	945.72 万	31000 万	32.78

资料来源：县统计局。

2008 年以来 A 村寨旅游规模性开发以后，景区内管理层与村民群体之间主要的冲突情况（见表 5-4）。

表 5-4　　　　　　　2008—2012 年 A 村寨的组织冲突事件

	冲突原因	持续时间	参与人数的占比	组织化程度
2008 年	土地流转	几小时	约 20%	低
2009 年	征地、利益分配	几小时	约 25%	低
2011 年	征地、中学搬迁	几小时	约 30%	低
2012 年 6 月	中学、医院搬迁问题	半天	约 50%	中
2012 年 8 月	利益分配、车辆管治等	8 天	约 90%	高

资料来源：司亦含：《交换权利视域下的西南民族地区群体性事件分析——以贵州西江苗寨为例》，硕士学位论文，重庆大学，2014 年。

由此可以看出，A 村寨景区内的冲突是一个旅游发展过程中矛盾逐步扩大和升级的过程。这个过程的实质是景区管理层对处于弱势的村民群体以及村寨整体资源的占有及控制过程。其内在反映的是景区的管理主体与社会主体村民群体各自对"A 村寨旅游发展"这个目标的内涵意义的认知和实际产生的物质利益上的期望差异。管理层追求的是地区生产总值的增长，而村民追求的是收入的增长与自身权益的保障。如果他们不把彼此视为景区的一个构成部分，不能清楚地认识自己的角色与在整个景区社会生态中的位置和关系，那么就没有共谋发展的思想和关系基础。

管理层与村民之间的矛盾,主要体现在以下几个方面:土地征用问题、景区门票收益分配问题、房屋问题、经营垄断问题。从具体的表现分析中可以看出,"田地房产的矛盾"是包含在"管理层与村民的矛盾"之中的。

一是征地。以景区基础建设为由头,地方政府管理层通过土地流转,将村民的土地收购以后作为旅游经营用途,引发的矛盾与冲突。为了A村寨景区的基础设施与部分商业投资建设,地方政府首先收购了白水河沿岸的良田,并投入巨资,修建了11栋木结构建筑群,内部包含50多个商铺。继而不断征地进行表演场、西门停车场、酒店等设施的建设。这是地方政府管理层在土地置换资源升级过程的一种介入方式。从村民的角度看,土地作为他们生存的根本基础,也是和管理层交换的最后条件,在没有其他有效收入的时候,土地就是他们所有资源的全部。A村寨景区内的4个片区都处于A村寨千户苗寨旅游开发地段,征用的耕地质量差别不大,但位置有区别,而征地补偿标准却相差很大。访谈中了解到,村民被征地的最高补偿标准达70000元/亩,最低的却只有12000元/亩。征地补偿标准中存在不公的情况。实际上,村民所看到的征地补偿费的差距,反映的是土地作为旅游资源,以发展潜力为条件的评估价格差异,或者是获得难易程度的差异,而非单纯的土地的物理条件。这是由村民认知水平的局限与管理层没有告知而造成的。从这一点可以看出,同样的自然环境资源,对于不同的组织和群体而言,其意义是不同的。

二是收益分配。管理层对景区门票收入不公开,及分配不合理而产生的矛盾与冲突。2009年4月1日起,A村寨景区管理局开始对进入A村寨旅游的国内外游客,收取每人100元的门票费用。门票收入对地方政府管理层而言是旅游开发投入的回收,而作为经济不发达地区,A村寨的相关收益成为其经济增长的关键。结果就是管理层进一步扩大了对A村寨资源的整体控制。对景区边界的划定和功能规划从一定程度上决定了景区内各村寨的经济格局,这也是A村寨社会生态系统形成的物质因素。新的村寨旅游发展格局导致各片区收入差异,村民由于内在发展力量的欠缺,对地方政府管理层的决策是无力的。管理层只是从景区社会生态的物质层面考虑景区整体的价值，却并没有认知到 A 村寨的社会生态是"人—环境"的统一体，单纯的靠界线和规则的划分就想把他们分开割裂，独享资源收益是行不通的。这只会造成强行割裂之后的反弹和冲击。具体表现为，管理局未经商议收取门票后，给 A 村寨景区内村民的生活带来诸多不便。所有进入 A 村寨探亲访友的外来客人，都要由村民本人到景区入口填写出入申请方可进入。其中有部分农家乐经营户、汽车营运者为招揽游客，把外来游客说成是自己的亲戚或朋友，私自带入景区。这样被管理局人员发现，时常引发矛盾与冲突。还有许多农家乐经营者反映，收取门票之后，游客数量因为门票费用的收取而减少，也影响了农家乐的生意。而在门票收益的比例分成方面，由于管理层隐瞒了景区实际收益，实际分给村民的利益真实性难以保证。很多村民都认为，"管理层想给他们多少就是多少，根本不是实际的收益比例"。

三是房屋建设。因规划所产生的矛盾与冲突，主要反映在景区内部房屋拆建的问题上。管理层对景区进行整体规划的目的是，保持村寨景观的完整性以吸引更多的游客。这本质上应该与 A 村寨村民的目标是一致的，但规划的基础并没有将村民的收益纳入考虑。自然条件的差异与市场选择决定了部分村作为村寨主体景观被观赏，而另外的村则成为游客住宿区。由于市场需求推动，住宿区的新建房屋不断增加，只因为住宿业带来的巨大利益驱使。村民在没有其他选择的情况下，竞相模仿、不断扩建。扩建过程中，田地房产问题造成了村民之间的矛盾。管理层并未考虑从根本上进行协调，而是一味地采取控制措施。在快速扩建过程中，部分村民的房屋、建筑与现有规划设计不符，相关部门强行拆迁引发了矛盾与冲突。在规划过程中，不同区域对资源吸引力的差异，导致客源分布不均，进而造成受益不均衡，最终累积形成"贫富差距"的矛盾与冲突。部分村因为房屋密集，扩建条件不好；同时，由于地方政府并没有修建内部车可进入的游道，所以客源少，旅游经济收益不明显。为此村民曾多次要求将景区主干道修建延伸至其居住地，但管理层考虑到新修道路与实际规划存在冲突，且可能影响村寨景观，因此一直未同意修路。于是，该片区的村民将不能受益的原因归答于地方政府，从而引发矛盾并激化,甚至发生了正面冲突。① 在对 A 村寨的实地调查中发现,管理层与村民群体之间的矛盾冲突还在不断出现,体现在建房指标的偏向与不公平。这期间管理层曾尝试通过 2013 年重建老年协会来发挥协调管理和缓解矛盾的作用,但由于地方政府与老年协会的内在关系,该举措未能起到实质性效果。

从上述三个主要冲突内容分析,管理局根本上未能摆正村民群体与组织在景区整体社会生态环境中的关系位置,反而在景区旅游经济项目中进一步强化渗透,推动其向新的阶段发展。管理层权力的渗透实质是对村民权益的侵占,表现为物质利益的占有与掌控。这是 A 村寨核心冲突的本质。在这对冲突关系中,管理权力的逐步渗透必然引发村民群体意识和自身权益意识的反作用,导致冲突日益深刻、激烈。在对"你认为造成主要矛盾的原因"的调查项中(见表 5-5),排在第一位的是"收益分配不公平",有 90 票;第二位是"自身权益没有保障",有 48 票。其中有的村民选择了两个选项。

表 5-5　　　　　　　造成景区内主要矛盾冲突的原因

	票数
旅游发展环境影响	27
收益分配不公平	90
自身权益没有保障	48
村民传统思想的变化	14

而在"你对管理局的意见"调查项目中,"景区收益的分配问题"与"不尊重村民的权益"排在前两位,分别是 96 票、88 票。其中,同样有人同时选择了两个选项。表明很多村民明确地认识到自己的权益被侵占,而且将收益分配的不公平与自身权益的侵占相联系。调查结果证实了,

---

① 陈志永、王化伟、毛进:《社区主导转向政府主导——西江苗寨旅游发展模式演变的调查分析与评价》,《黑龙江民族丛刊》2010 年第 5 期。

在管理层与村民群体的矛盾冲突不断互动累积的过程中，村民对冲突的认知已由表层的利益冲突向深层次权益问题认识发展。

2. 村民之间的矛盾冲突

在旅游发展过程中，村民之间的矛盾冲突也呈现出复合化趋势，从原生环境中的社会性矛盾发展为"经济属性为主，包含社会性"的复合矛盾。现阶段，A村寨景区内部各片区由收益差异的扩大所导致的村民间冲突，以及群体分化现象加剧。不同经济利益团体的差距明显，村寨内部群体分化出现。村民之间的矛盾冲突主要表现为客源竞争引发的建房矛盾，以及经营活动中的利益冲突。

冲突产生的原因有自然条件和管理行为偏差两个方面。两个处于不同旅游规划区域的村寨收入发生了显著变化，这一现象是由旅游开发的物质基础及自然资源差异等因素共同导致的。在A村寨景区的规划建设过程中，地方政府投资把部分村开发为商铺和酒店，并在中心地带建设了苗族文化博物馆、歌舞表演中心等核心景点，村民收入可观。另外的村旅游接待设施条件则差很多。由于房屋密集陈旧，新建、扩建的条件有限，客栈数量少且简陋。村寨内坡陡路烂，现有的游览道路狭窄，不能行车，可进入性差，靠近山顶的地区，游客很难到达，基本没有游客。所以，大部分村民靠农耕和与旅游相关的劳务为生。2013年，A村寨内部村民之间的收入差距最大的达到100倍以上。从对不同发展情况的村民访谈中了解到，因为收入差距的不断加大，内部的矛盾也逐步显现，且体现区域差别。在"旅游发展以后村民之间最突出的矛盾"的调查中，有75人选择了"贫富差距矛盾"，排第一位。

村寨内部的矛盾和分化，最直观的原因是经济收益差距。深层分析表明，这是由于整个A村寨对自然资源共享的传统认同与现阶段资源收益分配不均的矛盾，在旅游发展形成的新环境中不断积累扩大，进而导致部分村民对传统苗族价值观产生动摇和变化。自然资源差异导致的经济收益差异影响，在一定程度上可以通过管理措施进行调节。但管理层未能意识到组织内群体分化的影响，未采取针对性措施促进组织的协调整合。相反的，在对村寨建筑的奖励性补助上，管理层的政策加剧了村民的贫富差距。2009 年，地方政府开始在 A 村寨实行乡村文化保护的评级奖励，出台了苗寨乡村文化保护评级奖励办法。具体是从 A 村寨景区的门票收入中，按 10%（2014 年提为 18%）的比例提取乡村文化资源保护费，并按照具体评级结果发放给村民。由于选评的标准是依照"建筑的质量"与"历史文化价值"来进行，条件好、房子好的村民得到的奖励多，而房屋陈旧、质量不高的村民得到的奖励少。景区管理层的这一措施本意是促进传统苗族建筑的保护，实际上却导致了人为因素形成的村民之间收入差距的进一步加大，以及心理不平衡的累积，使得村民间矛盾加深，形成知觉偏差和刻板印象。景区规划构建了各个村寨的新功能与经济发展格局，A 村寨新的社会生态系统物质基础也由此奠定。环境的变化打破了原有的平均化状态，也随之产生了一系列与之对应的冲突关系。

(二) 冲突的整体性分析

A 村寨景区的组织冲突是一个组织系统与社会生态环境相互作用、适应并统一的过程，也是一个由外部范围和内部层次共同发展形成的立体系统。物质冲突是组织主体间矛盾关系的拓展和深入交互的具体表现。而从组织文化体系来深入分析，A 村寨的冲突又是一个由表及里的运动发展过程。其实质是经济利益引发的管理层与村民的具体冲突，逐步向主体关系内在本质认知的发展。冲突存在于三个层次的组织主体关系互动中。从生态整体论分析，管理层组织对 A 村寨旅游的介入和对村寨整体生态资源的控制过程是一个不同层级间能量传递的过程。这一过程分为两个方面。一是景区内处于不同发展水平的组织群体互动过程中，组织化程度较高的地方政府管理层组织向村民群体、组织能量的传递。方向和性质的差异导致了负面效应的产生，即组织冲突。二是村民群体在与其对抗过程中，自身能量蓄积发展，从最初短暂、分散的小范围矛盾，逐步发展成为大规模有组织并长时间持续的行为冲突。这一矛盾能量因不同层级组织主体的文化差异而产生运动和转移，并外化为不同层级的具体冲突。

从具体的对抗过程来看，村民与管理层的对抗是在累积过程中激化，并在组织互动实践过程中实现群体内部的凝聚过程。证实了沙因研究中所得出的结论：冲突会使群体的组织化和结构化程度变得更高。2012 年，管理层权力介入深入化与村民权益意识发展相碰撞，景区冲突发展到质变阶段。从主体关系的本质认知来看，在具体访谈中，很多村民始终认为 A 村寨属于全体村民，而管理者只是外来的帮助者和支持者。在"你认为 A 村寨景区应该属于谁"的调查项目中，有 82 人（70%）认为是"全体村民"，体现出村民与 A 村寨景区的内在归属。他们从思想上破除了"传统公共决策仅属于政府事务"的观念，并在具体的组织间互动过程中逐步意识到，管理局的权力拓展与深入正在侵犯村民的权益。

现阶段，随着地方政府介入的管理控制力度增大，其影响从面上的范围拓展至各个主体关系的深层，景区内的冲突呈现出新变化。除了占据景区门票收入的大部分，地方政府逐利正向景区旅游产业的各个要素渗透，村寨村民的旅游收益空间被不断挤压。最突出的是打算将位于景区中心的中学迁出，将土地另作旅游项目开发·用的问题；旅游公司欲通过实行"一票通"将景区交通、餐饮、住宿、表演等项目捆绑，垄断客源市场。

A 村寨景区是由不同文化背景组织联系互动而形成的新组织生态系统。它的发展客观上需要一个统一的社会生态环境，前提是各关系主体对景区组织系统的整体性认知，以及各主体之间的相互认同与关系协调。它的实质是新环境中组织文化体系的构建。

第二节 A 村寨景区组织冲突的系统原因

组织的功能失调是一种由内外因素所引起的组织主体实际关系与组织系统关系的不协调适应所导致的组织不稳定状态，是一个组织内能量转化的受阻过程，表现为各类型冲突的不断增加和激化。它反映组织系统整体的主体关系状态，包括组织结构的不对称、层级关系的不协调，以及最根本的主体间的文化心理模式差异。

一　组织关系结构性原因

前文对 A 村寨景区内社会组织发展的过程做了深入分析：三个阶段的变化实质是一个空间和功能属性的叠加交互过程，从原来单纯的农业村寨到具有社会和政治功能的行政村寨，再到旅游经济为主的复合组织系统。现在的 A 村寨景区叠加了旅游景区（企业）实体性质、行政村属地与村民生活环境的三层功能和属性。这个复合组织系统可视为一个地理范围内的生态系统。景区生态系统中人与自然环境的关系是基础，管理层与村民也因属性和功能的差异对应具体生态位与生态关系。系统内各层次都有其相应的层位与主次关系，这是组织系统的物质关系基础。系统环境的逻辑关系应该是，A 村寨苗寨的本质是村民生产生活的空间，然后是行政管理的一个村寨，最后是提供旅游资源的实体空间。村民是 A 村寨的组织主体，应对的主体身份层次是村民、公民、旅游从业者；管理层在组织系统中应属于引导、协助与合作者。关于"你认为自己的身份是什么"的调查项目显示，有 73 人认为自己只是"村民"，有 34 人认为自己既是"村民"又是"景区旅游经营者"。表明人们对其身份的复合性认识在发展，而且与他们参与旅游发展的程度和内容有关。

组织系统与社会生态系统的协调是从关系开始的。依据对自身属性特点的判断去建立对应的关系，进而形成具体的层级结构。A 村寨景区实际以地方政府对管理层的掌控与结构变化来进行管理。它忽略了旅游环境介入后形成的新社会生态系统中的应对关系。没有对其自身与村民应有的生态位关系形成认知，并进行相应的关系调整，出现了由行为侧重和意识差别所引起的生态位的错位。管理者以自身需要达到的目标来设计景区内的组织结构，并以此结构去构建与村民主体的各种关系，这自然无法与应有的关系和结构形成对应。没有社会生态系统应有的协调关系，以及对此关系的统一性认识，矛盾冲突自然在管理层与村民的实际互动过程中不断出现、累积、激化。实际上，村民与管理层对"景区"、身份和"A 村寨发展"的意义认识都是不同的。这反映出实际管理中组织结构位置和主体关系与社会生态系统关系的不协调性，也是景区系统内组织关系与冲突形成的结构性原因。

二 组织层次原因

A村寨景区是复合组织系统的典型，其内部关系体现出环境关系的多层次性。内部的各个组织、群体主要包括组织化水平不高，但情感因素突出的村民群体，他们是村寨景区的主体；具有职权且组织化、规范化的政府管理局、村委会，以及景区内协助管理的组织。组织的关系分为多个层次：组织与组织、组织内部群体之间、群体与个体等。这里村寨群体是组织系统中的主体，旅游环境与管理层的介入都以区域内的发展目标为基础，自然形成一个环境限制为条件的主体适宜关系体。这是由环境关系和发展目标所决定的潜在社会生态位。主体对客观层位的确认有两种方式：一种是正序的情况，即主体能够对应对关系有明确的认知，明确自身位置和任务，并进行组织的有效联结与适应关系活动；另一种是倒序的情况，组织体系内的主体对客观系统中的既定关系层位缺乏清楚的认知与有效运行。那么只有在具体的相互作用过程中寻找新环境中的对应位置，进而确定相互关系。这样的方式容易形成复合组织在整体构建之初的功能失调，即各个主体处在错位的关系中，不能形成有效的连接，并出现各个层面的冲突。

A村寨景区对环境关系的适应属于倒序。乡村村寨景区是乡村村寨生活、生产空间上叠加了游憩功能之后生成的景区复合空间；区域功能上，从之前纯粹以生产生活为主的村寨变成了"以旅游为主+生活生产"的村寨景区；身份角色上，从村寨居民又增加了一重"旅游从业者"的角色，而且逐步成为主要角色。这是一个由外向内推进变化的过程。在这一过程中，原有的村寨内部的自治组织——村委会、村民委员、村民小组、村民群体之间的物质关系与心理环境在经济关系变化冲击下有不同的变化和表现。另外，村寨系统外部，地方政府景区管理局、旅游公司对景区管理权的介入，让景区组织关系更为复杂。村寨景区的组织关系呈现多层次化，各个组织主体之间的关系也较为复杂。在这一组织系统中，各个主体对自己应有的生态位并没有清楚的认识。各主体通过深入互动来寻找自身的实际位置,而关系的错位会使各主体经历矛盾与冲突,这也是组织功能阶段性失调的主要原因。

三 组织的文化差异原因

环境与人的对应系统连接依靠主体的文化,即相互作用、适应而形成的模式。景区内的行为活动是在主体文化模式下运行的。行为与环境在协调关系中体现协调性,在错位矛盾中体现冲突性,组织系统在协调与矛盾的转化过程中实现运动发展。文化作为群体区别"他者"的一套心理模式,是群体认同的基础,基于不同文化背景所建立的组织必然存在差异。差异是组织存在的常态,而复合组织系统就是不同文化组织之间的环境交互作用关系体,实质是文化体系的差异互动适应过程。其组织功能的实现必须基于对主体文化差异的认知。否则,若对不同文化背景的主体采用同一管理模式进行管理,必然导致其他主体对规制的不适应,引发管理的无力与混乱,造成组织功能失调。只有在主体间的交互过程中,逐步了解、尊重并适应彼此的文化,并以此为基础在组织系统运行过程中构建适应性的复合组织文化,才能实现组织功能的正常发挥。

无论是组织内部还是组织之间,组织文化的构建都是一个从不同层面的差异矛盾走向某种预期协调适应状态的过程。组织系统有一个更高层次的目标,而这个大目标会逐层分解到每个群体和个体身上。为了促成目标的实现,组织会产生自己的规制,组织自身的文化力也会影响个体的行动。这就意味着,组织内的个体对于来自组织的压力,会调整自己的个性和特点,做出符合组织要求的行为。这就是组织整体文化的构建过程。中国的乡村发展是以各乡村文化并存和共同繁荣为基础条件的,而主流文化与各乡村及各乡村之间的文化差异是事实。对于组织管理,特别是乡村地区的组织管理,跨文化差异意识是前提。在具体的 A 村寨景区管理过程中,管理层作为权力行使者,在组织内部与组织主体间互动时并没有意识到也没有实践跨文化管理。基于不同组织文化的组织主体互动,必然由于应对不同的心理模式和行为差异而出现不同形式的矛盾冲突,进而造成组织的功能失调。

第三节　A村寨景区冲突的心理原因分析

一　A村寨景区组织心理环境

前文已对组织文化与组织心理的关系进行过深入分析，组织文化的建立是组织成员对基本信念进行反复实践并获得成功认同的过程。现在以A村寨景区作具体分析，苗族大多依山而居，A村寨的苗族也是依山群居，其乡村文化的各个层面都与自然环境有密切的关系。山地的条件使他们选择了相应的生存方式，群山的环抱形成了相对封闭的居住环境；对安全感和心理归属的需要，使苗族内部人与人之间有很强的相互依赖性；与自然亲缘式的密切关系决定了苗寨聚居的模式，以及族群与自然的和谐统一关系。A村寨的组织文化也是在苗族宗亲氏族与自然，以及氏族之间关系的心理实践活动过程中发展建立起来的。上述这些都是A村寨苗族心理环境的构成要素。

本书将A村寨景区的发展视为一个组织系统形成并通过管理活动实现统一的过程，其内涵是苗族传统文化内生组织与外来组织的互动融合。从外部来看，这是一个组织系统的发展过程；从内部来看，则是文化互动与新组织文化构建的过程。在此过程中，苗寨内部的原生组织与管理组织之间的互动，实质是乡村苗族文化与主流文化的互动。A村寨景区内的村民群体拥有传统文化中相对稳定的组织文化，即一套苗族的心理活动模式。在旅游经济发展的过程中面对传统生活环境的变化，苗族的组织以其固有的心理模式对新的社会环境关系进行实践和互动，这是一个对外部环境的适应过程。同时，心理适应会对组织内部产生作用，促使组织规制发生变化，并引发不同的行为反应。从组织系统关系来看，这表现为不同层次的矛盾冲突。在互动过程中，成功或失败的经验会促使组织对心理和行为进行调整，以实现内外关系的协调。组织文化的构建即是在这一过程中实现的。

二 A村寨景区组织冲突心理原因分析

前文已对社会文化系统进行了深入分析,文化体系包含三个层面:外层的物质层面、中间的心与物结合层面,以及内部的心理层面,对应的是人类社会的整体。组织文化体系对应的是外部组织的形态、中层的组织与环境联系方式,以及内部心理模式。这三者相互联系、相互作用,共同构建成一个组织文化体系。从国内外学者对组织文化的研究来看,有一个共同的认识:价值观是文化的核心,文化是价值观的基础。聚焦到个体的组织来说,其组织文化也必然是在其所属的乡村文化环境中提炼发展而成的,并在此基础上再形成作为其核心的组织的价值观。[①] 对于A村寨景区而言,苗族文化是苗族在发展过程中,通过群体与环境的互动实践达到外部适应,同时在其内部协调整合的过程中不断沉淀形成的一套心理行为模式。苗寨的组织形态是苗族文化的外部具体表现,组织价值观则是苗族群体心理活动实践过程中沉淀形成的内核。

(一)组织价值观

苗族价值观内涵丰富,重视集体与平等,倡导资源共享。本书着重讨论的是"均质化"这一核心,它体现在苗族社会生活的很多方面,组织结构、社会管理中的传统规则都体现出"平均"的思想。"有肉同吃,有酒同喝"的情况,在很多苗寨都不同程度存在,这也是基于传统文化中的"共享"意识。传统的狩猎活动中,无论猎人们捕获多少猎物,都是全寨每人一份。"平均化"的社会功能一方面能在物质资源缺乏的条件下,通过互助形式加强村民间的相互关系;另一方面也防止了整个社会财富走向集中化。[②] 从心理学上分析,苗族文化是苗族群体在其迁徙过程中的心理模式构建,是乡村与环境和其他乡村群体之间的互动关系结果。心理模式中以"安全稳定"的需求为中心,团结形式得到苗族群体的肯定,也成为乡村赖以发展的根本。在这里平等是维系团结的重要因素。

[①] 陈昌盛:《国内近30年来组织心理学研究述评》,《湖南财经高等专科学校学报》2009年第4期。

[②] 李天翼:《贵州民族村寨旅游开发模式研究》,西南交通大学出版社2014年版,第97页。

苗族社会以家庭和其拓展宗亲为主要构成单元，家族团体的集体利益是大家所承认并保护的，人人都享有获得技术和自然资源的平等权利。

　　A村寨景区形成后对其组织文化的影响可以分为内外两个方面。外部是管理组织的介入，内部是村寨生活空间作为旅游资源以后，资源差异的自然性选择所导致的利益差异，对于"均质化"的冲击。在苗族村民意识中，其生活中的山、水、林、地等自然环境属于公共资源，应为全体村民所共同享有，而民居、村寨以及居民的日常生活所构成的传统文化则是属于每个村民的私有财产。村民利用自己的财产获得旅游收益的同时，也可利用这些公共资源获取利益。[①] 但在旅游市场的自然选择下，无法保证这种传统的"平均"，收益差异导致的财富不均打破了苗寨内部原有的心理平衡状态，群体内部产生了矛盾和分化。在关于内部矛盾的调查项目中，有75人（占64%）认为村民之间最突出的矛盾是"贫富差距矛盾"。这也成为村寨内部冲突的主体。从外部来看，A村寨景区的组织形式虽在一定程度上与主流文化组织接轨，但实际上，景区内部群体与管理层之间存在明显的文化差异。村民群体的"平均"思想依然是组织文化的核心，村民内心不能适应旅游经济环境所带来的收入差距造成的心理落差，管理层并没有针对这个问题作出很好的调适。管理层的价值观建立在"社会主义按劳分配，允许一部分人先富裕"的差异化发展上，他们承认差异与不均的必然性。村寨组织的规制都是以苗族传统文化中的"均质化"为核心，体现苗族文化的平等、共同发展。而管理层组织的目标制定以社会环境中的旅游发展为前提，目标背景是主流文化的社会发展要求。

　　总体来看，A村寨景区内部不同层级的组织群体，因组织价值观存在差异，对环境变化的组织心理反应也有所不同。村寨村民群体面临着经济大环境对传统文化、基本观念及各种关系的影响与改变，其内部自治组织也随之产生了一定的被动变化。面对经济环境的影响，村民并没

---

　　① 张晓：《西江苗寨传统文化的内在结构》，《中央民族大学学报》（哲学社会科学版）2008年第2期。

有有效的应对方式,经济发展的不平衡打破了传统"均质化"基础上的关系格局,村民群体的内部处于一个变革的动荡期。相反的,管理层面对景区的环境变化和具体问题采取了不同的应对措施,虽然效果不理想,但其主动性与应变力体现其组织行为模式和能力水平。同一个组织系统中的不同关系主体表现出截然不同的组织心理与行为模式,他们都分别基于自己的认识和利益目标去行事。各行其道并没有对"利益发展与共享"问题达成共识,这样的情况往往形成强势组织的主导偏向,进而在内部互动的过程中产生矛盾冲突。

(二) 认知结构差异

具有不同社会生活条件和不同经验、生活在不同社会文化或乡村群体中的人,其认知发展必定受生活环境和生活经验的影响与制约,从而表现出独特的认知特点。[1] 乡村的认知与乡村文化有着密切的关系,乡村认知是乡村文化的一种体现,同时又对乡村文化的构建产生重要影响。[2] 这里的乡村文化与组织文化虽然主体范围不同,但在认知结构的意义上具有同一性。从心理学角度来看,认知及其结构与组成方式是构成心理环境的核心内容。认知结构论认为,个人的认知结构是在学习过程中通过同化作用,在心理上不断扩大并改进所积累的知识而形成的。也可以理解为,人与环境的心理适应过程形成认知结构;而组织的认知结构,则是组织在心理活动对环境的适应过程中形成的。

文化的深层结构不仅包括我们如何看待现实和真理,也包括我们如何让自己适应自然和人类环境,这种适应涉及一些潜意识和被视为理所当然的经验,以及有关时间和空间的概念。[3] 组织心理环境的认知结构差异影响着组织对世界的认知,最主要的体现是对时间认知的区别差异。每一种文化都对时间的本质有一套自己的观念,对于过去、现在和未来都有一个基本的文化取向,即时间的相对性与文化的相对性是统一的。

---

[1] 李静:《民族心理学研究》,民族出版社 2005 年版,第 157 页。
[2] 李静:《民族心理学研究》,民族出版社 2005 年版,第 166 页。
[3] [美] 埃德加·沙因:《组织文化与领导力》,马红宇等译,中国人民大学出版社 2011 年版,第 109 页。

例如中国的传统农业经济社会，会比较看重现在的时间取向。杨庭硕等学者研究发现，苗族对时间的认知以成组的标志性事物变化及其组合关系为判断依据。苗族对于空间的认知也表现出自身特点，苗族认知方位是以人作为认知坐标原点，按照前后左右上下、近指、远指、更远指等要素构建空间坐标。[①] 这些都源于苗族生存的自然环境，群山环抱的自然条件对苗族群体认知结构的形成有很大的制约与影响。为了满足生存需求，他们在与环境互动实践的过程中，趋向于选择对安全和自身有利的方向，而自然适应的取向选择过程则形成了他们特有的对世界和时间的认知方式。

组织对时间的认知方式也决定了组织的发展方向和文化的构成。以牺牲当前利益来换取未来利益的倾向，称为长期导向；而更多关注现实利益的倾向，则称为短期导向。在组织层面，可按主要的时间取向进行区分：指向过去的、指向现在的、指向未来的、指向遥远未来的。A村寨景区的村民群体组织以家庭为基本单位，以农业社会特性为基础，其对时间的认知大多指向现在，极少指向短期未来。在有关"你目前最大的希望"的调查项目中，有44人（占37.6%）选择了"权益有保障"；43人（占36.8%）选择了"收入增加"，而选择"景区发展"与"自身发展"的分别有17人和13人。可以看出，目前村民主体对时间的导向依然是短期的。随着经济的发展，其群体时间取向有多元化趋势。而景区管理层对于物质时间的认知是基于社会主流文化，明确的是长远发展，指向长期未来，与中国社会经济整体的周期性计划相一致。

沙因认为，对时间的认知和感受是任何组织运作的核心层面。时间规定了一种社会秩序，事情得以解决的方式能传递出个体的身份和意图。事件的步调、生活的节奏、任务完成的顺序和事件持续的时间，受到时间象征性解释的支配。对某特定事件背景中所发生事情的理解，如果团

[①] 杨庭硕：《被调查对象的认知特点不容低估——苗族文化调查难点例释》，载周星、王铭铭执行主编《社会文化人类学讲演集（上）》，天津人民出版社1997年版，第294页。

体成员所持的假设不一致，就很容易产生误解。① A 村寨景区组织内部的村民群体与管理层在时间取向上的差异，导致双方对景区组织发展阶段的认知存在时间不对称性，具体表现为对目标、过程等方面的认知差异。管理层对这一差异的认识不足，且未采取任何针对性措施进行统一调适，这无疑会导致矛盾累积。

(三) 行为方式差异

组织行为方式体现组织对自身与环境关系的认知和选择。行为方式是群体人格的一个主要方面，心理动力学理论认为人内心的冲突性质以及试图解决这些冲突的思想和方法构成了个体的人格。而在相同环境中受到相同文化影响的成员之间所具有的共同的团体个性心理特征，则称为群体人格。② 它是群体在共同文化背景下，心理实践过程中形成的一种稳定关系态度以及习惯化的行为方式。沙因将其解释为，人们在适应环境过程中所采取的活动方式。不同组织所采取的行动方式，能反映组织的个性特点。

沙因将组织的行为方式分为行动取向、存在取向和求变取向。克拉克洪（Florence Kluckhohn）和斯托特柏克（Fred Strodtbeck）在跨文化比较研究中提出，行动取向与人性的掌控性、人们的现实实用主义倾向、人类的完美主义信念紧密关联，其核心观点可概括为，人们理应通过积极掌控所处环境与命运来践行正确的行为。③ 存在取向是行动取向的另一个面，这种观点认为自然力量是巨大的，人类臣服于它。存在取向深层体现了人对自然的敬畏与被动适应的观念。基于这种取向的组织会在他们生存的环境中去接受并考虑外部环境的被动适应。A 村寨景区内的村民群体组织就是基于存在取向，这与苗族群体和自然环境间的互动与适应形成的心理模式有关。求变取向居于行动取向与存在取向之间，体现

---

① [美] 埃德加·沙因:《组织文化与领导力》, 马红宇等译, 中国人民大学出版社 2011 年版, 第 117 页。
② 李静:《民族心理学研究》, 民族出版社 2005 年版, 第 241 页。
③ 转引自 [美] 埃德加·沙因《组织文化与领导力》, 马红宇等译, 中国人民大学出版社 2011 年版, 第 128 页。

的是通过自身能力的发展来寻求与自然的和谐,并实现与环境的融合。对组织行为取向问题的研究,必须结合组织所处环境中的任务、核心使命和发展目标来考量。在 A 村寨景区内,村民群体与管理层所处的环境和发展阶段相同,但其目标、任务存在差异,组织行为取向也有所不同。行为导向的差别,使得 A 村寨景区村民与管理层在实际管理活动过程中矛盾加剧。

第六章 A村寨景区组织管理过程冲突及机制研究

A村寨景区的整体发展，以及矛盾冲突发展是一个系统的动态过程，这个动态过程可以从"范围的扩展"到"关系的深入"两个立体视角深入分析。本章将以组织主体的结构互动、规制实施与管理沟通过程等环节为主线，从组织主体间的实际关系互动及具体管理过程，来分析A村寨景区组织系统冲突的动态发展过程。二者共同构建A村寨景区冲突系统，通过冲突系统的构成与作用机制分析，提出冲突转化对于A村寨景区组织功能正常化的意义。

第一节 管理过程实施的复合化组织环境

A村寨景区的管理活动运行于环境复合化过程中，具体可分为外部区域整体旅游经济发展环境与内部组织主体属性及文化环境的复合。二者共同构建了景区管理的复合化组织环境。

一 组织系统环境的复合化

A村寨景区组织系统的环境复合化，通过旅游环境对村寨原生环境的介入过程得以体现。2008年以前，A村寨以其集中的村寨聚落形式以及地理空间里优美和谐的自然环境形成了"人—自然"协同发展的四素同构生态环境。然而由于自然条件和经济实力的限制，A村寨的可进入性很差，旅游接待设施基本没有形成，使A村寨的旅游业一直处于缓慢发展阶段。直到2000年，A村寨全年游客仅0.75万人，其中国外游客200余人，而游客也是以散客形式为主的科考研究型旅游者。

这一阶段，虽然有旅游的引入，但A村寨范围内的村寨都属于纯正的乡村。从空间范围来看，A村寨是村民生产生活的基础空间。社会环境是农业社会环境：家庭为基础构成单位，农民有自己的田地，以农业耕作为生。村民、村寨之间的关系单纯，以家庭关系与宗族血缘为纽带的关系为主。A村寨内含不同行政村，村寨主要管理组织为村委会，以"国家宪法+乡村自治法+传统习惯法"为主要社会管理规范。

2008年旅发大会以后，A村寨旅游实现规模化发展，呈现井喷式增长态势。景区管理局统计数据表明，旅发大会后不到10天的时间里，A村寨共接待游客23万人次，旅游综合收入达到了4725.96万元（见表6-1）。

表6-1　　　　　　　　　　A村寨旅游经济发展情况

	2003年	2007年	2008年	2010年	2013年
县旅游收入（万元）	1433	24449	28505	64600	291800
A村寨旅游收入（万元）	23	576	13675	28725	163500
A村寨所占比例（%）	1.61	2.36	47.97	44.47	56.03

资料来源：县统计局。

在不到十年的时间里，旅游产业通过吃、住、行、游、购、娱等主要领域，对A村寨产生了全方位影响。A村寨从一个苗族村寨成为一个知名景区。旅游经济对A村寨原生环境的介入与渗透使A村寨发生了质的变化，村寨的环境由社会性转向了旅游经济为主的"经济+农业"复合环境。体现在以下两方面。第一，A村寨与外界联系的复杂化。A村寨从一个不为人知的山区苗寨成为贵州知名景区，旅游发展带来大量游客，使其成为投资集中地。A村寨现有的宾馆绝大部分是外来投资建设经营。第二，A村寨与周边区域的关系复杂化。原先与周边村寨的纯农业交易关系，现在因为A村寨经济发展衍生出更多的经济雇用关系。周围村寨的村民纷纷进入A村寨给旅游经营者打工。

二 组织系统内部的复合化

复合组织即是组织与复合社会环境的作用产物。A村寨原生社会环境在旅游发展过程中趋于复合化，自然引发其组织系统内部的复合化，主要体现在以下几个方面：

（一）管理主体的多元化

旅游规模化发展后，A村寨管理主体的变化是最主要的变化。社会生态环境的"经济+农业"复合性，要求管理者具备相应的管理能力。原有的村委会等属于社会行政管理组织，并不能引导和帮助村民发展旅游经济。A村寨景区建成的目的，是明确A村寨组织系统的经济属性，并引入新的管理层。新的管理层由行使行政权力的"管理局"和负责经营的"旅游公司"组成，其实质都是地方政府的直属管辖单位。地方政府管理层的介入使A村寨的管理层形成了由管理局管理，旅游公司经营，村委会、老年协会等协助管理的组织系统。A村寨组织系统内部管理主体呈现多元化与复合性。权力主体为管理局，村委会属于下级单位协助管理，而老年协会则没有实权。

（二）村民身份的复合化

村民身份的复合化是A村寨组织环境复合化的一种体现。旅游发展以前的农业社会中，村民就是单纯的农民，主要通过农业劳动、外出打工、当地从事房屋修建等方式维持生计。在A村寨成为景区发展以后，随着村民参与旅游的范围扩大和程度加深，村民的身份呈现"农民+旅游经营者"的复合化。在关于村民身份认知的调查项目中，认为自己只是"村民"的有73人（占62.4%），认为自己是"村民"又是"旅游经营者"的有34人（占29.1%）。调查表明，随着旅游发展的深入，村民对自身身份复合化的认知有所提升。

(三) 主体关系的复杂化

主体关系的复杂化分为两层。一层是村民与管理者的组织关系。旅游发展以前，村寨村民与地方政府的关系是相对单纯的行政组织关系，基本联系都在行政管辖范围内，两者处在一个比较和谐的阶段。旅游快速发展之后，管理层的介入方式发生了根本性的变化，从之前的指导和帮扶者变成了村寨的权力主导和管理者。两者的关系也从单纯的行政关系，演变为行政关系形式下的根本权力与经济利益关系。另一层是村民之间的关系。旅游发展前，大部分村民之间的关系比较单纯，属于社会性关系。村民在建房、种田、婚丧嫁娶、节庆活动等方面的互助与合作，集体行动能力较强，组织内部环境单一。旅游发展以后，村民间的经济关系不断增加，而由经济利益关系引发的矛盾也逐渐增多。村民之间的关系以及思想意识都呈现复杂化。

A 村寨旅游发展的背后是环境关系的复杂化，各种利益主体的介入使 A 村寨原有的单纯的社会生态环境逐步复合化。短时间内的关系复杂化，使组织系统内各关系主体对环境的适应体现出差异，景区的社会环境也经历了一个混乱时期。这不仅是环境间的交互作用关系，也是各组织间的互动与协调适应过程。

第二节 管理过程冲突形成的主要因素分析

前文已经分析了 A 村寨景区内的组织主体物质冲突体系，现在从贯穿其中的具体管理过程分析景区冲突的互动关系与形成原因。一般情况下，组织的管理运行基础包括组织的结构规制、组织的权力与领导、沟通机制，接下来对 A 村寨景区内组织管理行为进行分析研究。

一 A 村寨景区组织主体性质及规范差异

(一) 组织性质差异

组织的结构形态是管理行为的物质基础，它体现出组织的性质和沟通运行方式。A村寨苗寨景区内的各组织主体从性质到具体的管理模式上都有着明显的差异，这些不对称以及缺乏统一的目标和规制，很大程度上决定了管理过程冲突的形成与发展。

首先来看各组织主体的结构。村寨内部结构：个人—家庭—宗族（鼓藏头）—村落—景区物理空间；景区管理局组织结构：个人—工作小组—部门—管理局（行政管理组织形态）；景区组织结构：村民群体—自然寨—村委会（其他村内组织）—管理局（旅游公司）—工业园区。

从景区组织主体的结构可以看出，A村寨景区组织系统内组织主体分为两个部分，即村民群体的内部结构和管理层组织机构。他们是由村寨内部的法定组织——村委会来实现连接并运行管理的。村寨内部和景区管理层组织从结构上看，虽然都属于纯粹的简单机械式结构（Mechanistic Structure），但其性质是不同的。村寨组织的结构基本单元是家庭，其性质是社交组织，以血缘关系和情感联系为主，以传统社会文化的规制为管理依据，信息沟通是熟人社会的联系方式，有事共议，人人都有参与决策的权利。管理层组织是典型的正式行政组织——管理局局长、副局长等，其特点是组织内部高度的复杂化，水平分化程度高，内部有严格的规制，以规定的资讯网络传递信息，以由上向下的垂直沟通方式为主，基层人员较少参与决策。其组织有着规范而严谨的构造形态，主要依靠职权和明确的层级划分来协调组织中的各种活动。

分析A村寨景区的整个结构可以从两个层面来展开。一是组织之间关系层面。景区内部的管理层组织和村民群体组织的属性是不同的，在具体的管理过程中，具体体现为组织价值观、目标、规制和沟通等环节的差异。主体关系的相互不对应、不支撑，很难实现统一有效管理。这是A村寨苗寨景区具体管理过程中组织结构的症结。二是从社会生态组织系统的层面看，A村寨景区虽然在形态上是一个旅游实体，但其实质是一个开放式的组织系统，与一般意义上的旅游景区或企业有本质的差别。这个系统是一个社会生态系统，其中不同性质的组织具有不同的功能。A村寨村民群体本质不是旅游景区的企业员工，而是景区资源主体的一部分。村寨内的组织也有与其自身环境相适应的特点和优势，应该充分培养和发挥其协调作用。管理层组织应该发挥一种引导和协助的作用功能。组织之间因文化差异形成的多样性，是社会生态系统多样性的一种体现，其关系本质应是互补与协同发展。若要以一般意义上的企业管理或者行政管理的传统模式来进行管理是行不通的。需要明确组织主体本质的属性和特点，充分发挥各自的优势，寻求一种共同认可且有效的沟通联结方式，以促成组织系统的整体协调。

(二) 组织规范差异

1. 村民群体的规范：国家宪法+民族习惯法+村规民约

关于 A 村寨管理模式已经有学者进行过研究，从景区管理模式上看，A 村寨苗寨已形成以行政领导为主、民间传统力量为辅，两者共同治理的管理模式。[①] 在当地，除了村民委员会等村民自治的权力机构，还有其他民间力量在协调和维系其社会关系。这些民间力量的领袖有鼓藏头、活路头、寨老等，他们分别扮演着不同的角色，为苗寨的和谐发挥着不同的作用。这是对村寨组织关系的一个阶段性判断，组织主体间的关系与社会系统环境相对应，农业社会环境中，村委会是村寨的法定组织。从组织的理论职能来看，村委会应该是真正反映民意，代表民权，自我管理、自我教育、自我服务的基础自治组织。实际的环境中，村委会行使的是行政管理权，管理内容以行政事务为基础，而村寨内的社会事务管理依然依照村民认同的传统习惯法。类似 A 村寨这样的少数民族村寨，因为历史地理的因素，依然处在以家庭为基本单位的集体经济社会之中。其相应的内部组织依然保留宗族社会组织管理的文化和惯性，组织成员的同质性高，整体水平有限，组织化程度不高，自治能力有限。在旅游经济环境介入的过程中，相关主体并不能很好地适应。旅游发展以后，A 村寨社会环境复杂化，组织化程度低的村寨群体面临很多发展的问题。农业社会环境中的管理主体，在新的旅游经济环境中出现权力空化。在实际的组织互动过程中，村民发现管理局的权力在不断扩大，景区内越

---

① 何景明：《边远贫困地区民族村寨旅游发展的省思——以贵州西江千户苗寨为中心的考察》，《旅游学刊》2010 年第 2 期。

来越多的事务都需要经过管理局。从实际调查来看,在"如果遇到需要调解的矛盾纠纷,你首先愿意向谁反映"的问题中,有51人(43.6%)选择"村委会",有48人(41%)选择了"管理局"相关部门。这种选择中存在很大的被动性,但也反映出A村寨景区现在管理权力的转移和主导情况。在涉及景区或旅游经济相关事务时,村民会选择向对应的管理局各部门反映情况;而当面临村寨内部社会事务时,村民之间仍以传统习惯法和村规民约为依据处理解决问题。

2. 景区管理局的规范:国家宪法—发展规划—发展思路—制度规范

A村寨景区管理局有一套规范的管理制度,该制度是为了规范A村寨景区管理局的行政行为,依法行使法律、法规赋予的职权,更好地完成工作任务,是根据现行的法律法规以及地方政府的工作要求,结合管理局实际制定的。每个制度都有详细的规定,但这个规定是针对管理局组织内部的,对象主体是管理局内部人员。就详细内容而言,并没有针对如何与村寨组织和村民形成有效联系并协调管理的细节,只是在"干部联系群众制度"中有简单粗略的联系形式。

第一条 股级以上干部要建立帮扶联系责任制,下农村和基层时要明确联系单位、联系方式、调研内容等。

第二条 每个干部每个月至少深入联系企业、挂钩村和群众5天(次)。

第三条 联系群众工作必须本着体察民情、为民办实事的原则开展,工作中要遵守工作纪律,轻车简从,不得增加企业和农民负担。

这些管理形式都较为空泛,无法与村民形成有效的联系和管理。管理局最初以村委会为主要纽带向村民传递信息,随着村委会对村民的作用和功能逐渐弱化,管理局在部分问题上开始直接管理村民。

上述景区内组织主体的管理模式和规制完全是两个不同的体系。组织的管理体制和规范体现的是组织文化的一个层面,属于中观层面的文化。从更宏观的背景来看,管理层与村寨群体共同处于中华文化的基本框架之下,共享集体主义的文化和精神。中国在民族地区实施区域自治政策,既承认并尊重一定范围内不同群体的文化差异,也与环境的适应协调具有一致性。因此,在同一空间范围内对不同属性组织的协调管理,需考虑组织之间的跨文化性。不同的规范如何在一个共同的景区空间内通过组织管理过程得以实施，并起到有效的协同作用，是整体景区组织系统的构建基础。整体构建的前提是认知景区内组织主体的文化差异，并肯定差异与多样性存在的必然性，对差异性的认知是达成更高层次统一的基础。经过调研发现，A村寨景区并没有形成整个景区的统一管理制度，现有的管理制度都是针对不同问题而提出的具体办法，如门票制度、建筑保护办法和评定奖励办法等。没有形成统一制度的原因是，A村寨景区内部组织主体性质、目标、角色认知、关系、管理行为等的认同不统一。针对景区整体性认知的调查项显示，认为A村寨是一个"景区整体"的有46人（占39.3%），认为是"原来的村寨"的有28人（占23.9%），"说不清"的有43人（占36.8%）。由此可见，大多数村民对景区的整体性认识不足。如何将不同组织有效的连接，既是新的管理模式构建，也是景区整体构建的关键，其中包括对景区共同意识的发展，对管理方式的认同和互补，以及自身角色的认同和发展。

二 A村寨景区管理层领导力作用与矛盾关系分析

基于A村寨景区的复合组织形态，管理层针对景区冲突的管理以及旅游发展的目标调整，对管理机构进行了针对性的应对变革。管理层试图通过对其组织结构进行调整而达到对环境关系的把控与应对，但他们没有把村寨内的村民群体组织文化差别纳入景区组织的整体中来考虑，也没有从组织系统的角度考虑各部分关系的协调处理。单纯管理层自身的调整并不能解决景区整体组织系统的复杂问题与冲突，反而对村寨景区复合组织的发展，以及新的景区社会生态系统的构建起到阻碍作用。管理层是景区领导力的代表，深入分析管理层的内部结构关系发现，造成管理层缺陷的主要原因有两点。第一，管理组织文化以传统主流政治文化为基础，行为模式体现政治文化特点。第二，景区管理层内部各组成部分的属性不统一，而且关系混乱不协调。

A村寨景区是在村寨生活空间与功能叠加的基础上，由两种既有文化背景的组织交叠而形成的新组织系统。利克特认为，组织与环境的联系是通过那些既处于组织中又处于环境系统中，且拥有特定地位的关键人物实现的；而组织系统各部分之间的相互联结，同样需要通过关键人物来完成。从利克特的交叠群体模型理论结合组织的生态系统理论来看，A 村寨景区是一个完整的社会生态系统。内部联结村民群体与管理层，甚至是外部旅游环境的应该是村寨中的传统领袖——鼓藏头、寨老等组成的传统领袖群体，或者是新环境下代表村民利益的法定组织——村委会。当然，在新的社会生态系统中，组织的结构和功能有相应的变化。村委会和传统领袖处于不同的位置，作用也发生了变化。从景区整体发展的需求来看，A 村寨的社会组织关系应是功能上相互补充、内外协调的合作关系。景区的实际情况是，自旅游发展以来，村委会成为管理层的代理。在利益分配中没有为村民群体争取到合理的、应得的利益，村民对其认同度大幅下降。另外，村寨中的传统领袖也在社会生态环境的变化中，由于行政管理组织的权力替代与自身发展局限，逐步失去原有的权威与地位。对管理功能变化的不适应，使这一群体的协调和联结功能逐步弱化消解。

(一) 管理层体系内部的矛盾冲突

A 村寨景区管理层是对景区进行决策、规划统筹、协调管理并监督的组织系统，现阶段控制着 A 村寨的资源发展和利益分配。但因为内部结构沿用了传统的行政机械式组织结构，其联结方式与原有的村寨社会环境不对应，管理效率较低。机构设置的条块分割，没有良好的沟通协调，不能有效整合，领导力以及执行力低。权力的重叠，多头管理，责权不明，导致管理效能低下。另外，对于介入联结的管理层与村寨法定组织的联系关系不协调，在具体管理过程中不被村民群体认可，使其基本处于协调无能状态。管理层自身与其他组织主体的关系形成了一个矛盾体，并在实际管理过程中不断激化。接下来从旅发大会筹备时期与旅游发展之后 A 村寨景区管理层的管理行为对比，来分析管理过程中的矛盾冲突。

1. 筹备期的管理层

管理层在 A 村寨举办旅发大会期间（即基础设施建设、筹备协调宣传阶段）的组织效能非常强且有效，原因在于管理层在这一阶段的主要作用是主导景区的筹资建设并提供支持。村寨内也为共建景区的一致目标而形成合力，关系表现比较和谐积极，对外的组织连接关系是相同文化环境的组织协调和环境互动，所以互动适应效果较好，组织管理效率高。这个阶段性的特点对旅发大会的成功举办和 A 村寨景区的建设都起着决定性作用。为筹办旅发大会，县委书记牵头成立了县各行政单位主要负责人共同组成的 40 人领导小组。领导小组的实质是一个临时性的领导管理层系统，其作用在于短时间内整合相关资源，协调各部门关系。因为都是直属领导，面对面互动，所以协调效率高，很好地实现短期效果。

2. 旅游发展后的管理层

旅发大会后，这个临时性的"领导小组"自然解体。面对 A 村寨苗寨游客呈井喷式增长势头，新环境下县政府对景区管理机构进行了调整：成立行政性质的管理局和资本运作的旅游公司，分别对 A 村寨景区进行资源开发和综合管理。这是管理层对 A 村寨景区实施经济利益管控和行为管控的开端。2009 年，为有效维护旅游市场秩序，防止村民乱搭乱建，成立了景区管理局，主要负责景区文化保护评级、违规建房整治、维护市场秩序等具体景区维护工作（见表 6-2）。

表 6-2　　　　　　　　A 村寨景区管理局工作职责

1. 负责 A 村寨景区规划区内的保护、利用、规划和建设
2. 应因地制宜、实事求是，以发展的眼光，坚持高起点、高要求，突出地方民族特色，编制风景名胜区规划
3. 制定景区土地资源、林木植被、人文景观和水体保护的措施
4. 制定景区建设的限制性条款，审批景区区域内的景观、景点和标志建设项目，并对其施工进行管理
5. 对景区的游览、商贸、文化、安全等进行管理，并负责搞好队伍建设和档案管理
6. 负责招商引资、景区对外宣传、土地与资源管理
7. 负责 A 村寨景区内项目特许经营审批和经营行为的管理工作

续表

8. 负责宣传和贯彻相关部门对有关风景名胜区管理工作的方针、政策、法律、法规、规章及规范性文件,并根据相关法律法规对违法行为进行执法
9. 负责景区内市政管理工作,以及景区内划行规市、生产经营活动的执法监管
10. 负责景区内道路占用、建筑材料堆放、挖掘许可等手续办理
11. 负责广告许可审批、制定相关管理规定及执法工作
12. 负责旅游市场秩序的维护和受理游客、群众投诉事件的协调、调查和处理工作
13. 负责景区内车辆乱停乱放的执法工作
14. 承担地方政府交办的景区内其他事宜及各项任务

资料来源：A村寨景区管理局。

管理局的工作职责虽明确了管辖范围和具体项目内容，但从实际人数构成来看，其人员配置无法完成具体工作。为避免管理机构角色和功能上的交叉重叠，提高管理效率，景区管理局局长由A村寨镇党委书记兼任。同时，A村寨镇政府在其机构内下设"旅游工作站"，目的是有效发挥属地管理的作用，借助地方下设的组织机构协同开展旅游景区管理工作。在旅游经营方面，管理层采取了公司化运作模式。地方政府于2009年7月注册成立旅游公司，作为景区经营主体。公司内设行政部（综合办公室）、财务部、综合服务部、市场部、园林绿化部、安全与工程部等共11个部门。

从表面上看，A村寨景区管理层按照性质差别分别组建了管理局和经营公司，其内部结构规整，分工明晰，并有严格的工作职责和操作规范。但从实际情况来看，这个管理体制有个根本的症结——政企不分，体现出传统行政文化的高度集权化特点。管理局和旅游公司都是在地方政府的直接管控下运行。旅游公司经营目标受限于地方政府发展目标，旅游公司无法按照市场需求和发展的运作逻辑进行自主经营。公司领导人都是由地方政府委派，其业务和认知体系都是基于行政文化，而且考评与晋升机制遵循行政运行逻辑，与实际市场绩效脱钩。管理行为不但不能对公司运行进行有效的引导决策，公司的盈亏也未能对管理领导形成激励与约束，这导致旅游公司与实际的旅游经济发展环境未能有效衔接。再看景区管理局，镇党委书记兼任景区管理局局长，虽可以避免职能上的交叉重叠，但乡镇党委政府管辖权超越 A 村寨景区所辖村寨，使乡镇党委不可能有足够的时间和精力处理景区内各类公共事务。这就是过度集权化的结果。虽然领导是兼任性质，但就其具体部门在职能上的交叉重叠，以及结构制度涉及的行政文化特点，使不同层级、不同职能的管理层主体，对内无法适应 A 村寨原有的社会环境，难以有效处理旅游发展中的公共事务。

与此同时，景区管理局内部各个部门之间条块化明显，没有形成良好的沟通和协作。实际事务经常是多头多个部门同时管理，难以应对旅游环境中的实际关系，管理效率很低。以房屋控建为例，房屋控建是 A 村寨景区旅游快速发展后管理部门面临的一个颇为棘手的问题，是景区村民与管理层冲突激化的主要表现。为有效应对该问题，县委县政府从县属各部门抽调大量工作人员配合景区内三个部门治理村民乱搭乱建问题。然而，各部门职能交叉、重叠使得所谓的"联合治理"行动中经常出现"搭便车"行为。面对村民在乱搭乱建中形成的冲突对抗行为，各部门派出的工作人员大多持观望态度，谁也不愿因为招惹村民而引火烧身。除此之外，控建管理的效率低下还有其他原因。调查发现，一般的控建行动中，管理层的各部门派出的工作人员由于身份属性的差异，同时存在待遇上的差异，从而使联合控建行动进展不顺。例如有的管理部门工作人员参与控建工作，可获得工资以外的津贴；有的则作为本部门本职工作，无法获得工资以外的额外收入。此外，他们中的很多都是来自 A 村寨内部，属于 A 村寨村民，身份和激励制度上的差异产生的内在隐性冲突，使不同部门工作人员难以形成合力，产生统一的集体行动。后来，针对控建问题，虽然管理部门搬出了民族文化村寨保护条例为执法依据，但该条例作为地方性管理条例法律的权威性不足，所以依然没有起到实质性的管理效果。从具体的控建管理过程分析可以看出，A 村寨景区管理层组织内部还处在一个对景区构建的内外环境变化适应过程中。它的行为起点是传统的行政文化，既成的行为模式、组织结构和规制,等等,在具体与 A 村寨社会生态系统的互动中,表现出不同层次和范围内的不适应。体现为自身内部的各部分联结的不通畅,组织结构关系与村民关系的不协调。没有形成 A 村寨景区的整体性认知,以及有效的协调关系结构。致使整个管理层内部矛盾重重,不能与村寨组织系统形成有效的连接和良性互动,而导致管理效率低下。

(二) 村寨内部传统生态单元的功能转变——文化领袖的没落

从 A 村寨苗寨整个社会生态系统的结构和关系来看,在 A 村寨旅游经济发展的过程中,社会生态环境的变化对村寨传统领袖的功能地位的影响是很明显的。影响因素分为内外两种。外部由于旅游发展,整个 A 村寨苗寨的社会与外界环境的联系方式发生了变化,逐步从封闭的社会环境向半开放状态转化。内部社会关系结构变化:村民之间关系性质、连接方式的变化,村寨主体年龄层认知的变化,村民受教育情况的变化,等等。以前传统文化领袖处于村寨社会生态系统顶层的位置,这种地位的确立是以封闭的环境、不发达的经济水平和认知局限,以及坚定乡村传统文化认同为组织基础的。但处于开放式的互动环境以后,村寨与外界的互动形成了社会生态系统。认知和社会关系都有新的发展与形式,不再只是树状结构,而逐步形成网状的认知结构和更大范围的关系环境。对传统文化的认同会因为人的个体不同而出现分层而产生分化,比如,知识储备的增加与年龄结构的差异,均会对传统文化的认知程度和认同水平产生影响。传统领袖权威的建立环境基础在社会发展的过程中逐步消失,他们所具有的能力和功能不再适应新的经济环境。村寨要发展,要求与新的环境互动联结,就需要与之相匹配的,能代表村民利益、带领村民发展的新组织领袖出现。这是社会生态环境变化的过程,也是社会发展对组织领导的客观要求。

A 村寨内部对传统文化的坚守与认同也是影响传统领袖地位的主要因素。据调查,中老年村民比较愿意遵从传统的村规民约来处理内部的各种矛盾和关系;但年轻的村民则比较容易受到外部的影响,吸收更多的信息,来综合地调整自身和内外环境的关系。当然,因为 A 村寨苗寨社会生态环境具有血缘与地缘复合的特点,宗族血缘关系依然是 A 村寨社会的基础关系。从人口年龄段的基数来看，A村寨35岁以上的村民占总人口的45%，接近一半；18—35岁的村民占总人口的28%。30—60岁的村民群体是A村寨人口的主体，也是传统文化认同传承的主体。从人口年龄的层次比例上看，A村寨景区内的村民主体仍然是传统苗族文化的认同基础。但旅游发展过程中，外部组织的介入使得村寨内部的传统领袖被动地失去原有的权威，这体现在以下两个方面。

一是社会环境与生产方式的转变。原有的农业社会逐步转向旅游经济为主兼农业经济的社会环境。村民的生产生活方式也发生改变。村寨管理内容也从传统的社会事务管理向以经济为主的复合式社会事务管理转变。这对传统的领袖提出新的要求，管理范畴和内容性质的改变，使大部分传统领袖已经无法适应新的社会经济环境。

二是村寨内社会关系的变化在经济利益驱使下，原有的传统价值观发生改变，使得部分传统精英的行为与传统文化核心价值观相悖。他们为了自己获利，在管理局的支持下擅自更改苗族传统习俗和规则。A村寨现任的"鼓藏头"在旅发大会期间，政府资助他建起了"鼓藏堂"。"鼓藏堂"作为"苗王"的居所，被相关部门以A村寨景区的一个代表景点进行重点推荐，所以游人聚集。而"鼓藏头"的家由此也搞起了旅游接待，并因为"鼓藏堂"的影响效应生意红火。他与地方政府的利益关系从其在旅游发展中的获利情况就可以推断，村民们对此很有意见，认为他得到了特别的利益。很多村民觉得他以"鼓藏头"的名头占了大家的便宜。事实上，地方政府的推荐和媒体的渲染对"鼓藏头"的旅游经营起到很大的促进作用，很多游客都因为外界对"苗王"的营造和宣传慕名而来。在关于村寨管理层的影响力与认可度的调查项目中，被问到"如果遇到需要调解的矛盾纠纷，你首先愿意向谁反映"时只有8人（6.8%）选择了"寨老、鼓藏头"，且这8人均是老年村民。

A村寨景区内传统精英在村寨社会中的影响力式微，本质上是社会环境变迁引发组织文化体系变革，进而导致组织内部层级分化、领导层多元化需求凸显。传统"鼓藏头"和"活路头"以及寨老一统掌权时代的物质基础已经发生了变化，如今由寨老组成的老年协会是地方政府支持下的一个有限协调组织。在 A 村寨社会生态系统与外界联结互动的过程中，社会分层的产生必然促进内部组织的多元化和层次化发展，对组织领导层的要求也是一致的。而传统的村寨领袖面对新的环境和形势并没有表现出所需要的适应力，担当起中间层的联结功能。与此同时，A 村寨在为旅游发展而进行的行政合并过程中，只是形成了外部形式上的合并，整体意义上的内部认同并没有实现，反而利益差异导致了内部新一轮的社会分化和分层。所以，随着景区社会的发展以及内部村民群体年龄层的更替，新的适应环境领导层势必会出现。而整个 A 村寨景区的社会生态系统的协调也取决于村民对村寨领袖、景区整体性的认同度，以及村寨领袖与景区管理层的有效衔接和协调。

（三）村委会组织联结功能的异化与失调

在前文景区管理层构成体系的分析中，已经对 A 村寨景区管理层的各个构成层次的关系、地位和作用进行了探讨。以地方政府为主体的管理局和旅游公司是景区管理的主导和决策者，具有资源开发权、行政管理权、经营权和利益分配权，位于管理层体系的顶层；村寨法定组织村委会是管理决策的执行者，属于顶层与村寨群体的中间联结关系层；老年协会和相关的行业协会则是处于第三层次的协调组织，并没有实权。这三个层次的相互联系与责任关系协调是管理行为有效实施的基础。其中关键的联接点是村委会，作为村寨的法定组织，村委会是地方政府与村民的联接点。对内承担着村寨自我管理、自我教育、自我服务的重要职责，是村寨集体行动的组织者；对外起着沟通协调作用，将村民诉求向地方政府有效表达。实际的情况是，在旅游经济发展过程中，地方政府管理层通过管理权力的渗透扩展，逐步掌控了 A 村寨景区的资源开发和利益分配权，这是通过对村委会组织的直接或者间接联系实现的。村寨法定自治组织转为地方政府的代言人，其功能异化。A 村寨苗寨景区村委会与后来重组的老年协会是管理和协调村寨内部关系的主要组织，其人员构成皆来自村寨内部，但这些村寨内组织在人员、财务、管理权限上无法实现完全独立，对地方政府依赖性较强。

从村委会的实际运行与工作情况可以看出村委会与地方政府管理层

的关系，以及组织功能的异化过程。

第一，村寨内法定组织运行的资源来源。调查表明，A 村寨苗寨景区内工作人员的工资、津贴以及村寨公共活动经费主要由景区管理局和旅游公司提供。另外，村寨在苗年、吃新节期间举办的斗牛、篮球、斗鸡等活动所需经费，由景区管理局及旅游公司提供。其中蕴含的是村民的传统逻辑，即工作人员"拿上面的钱，就得帮上面办事"。

第二，村委会的工作任务。笔者通过对村委会 2011 至 2014 年工作日志记录的研究分析发现，村委会的工作除日常安全监督、协助业务主管部门落实惠农政策外，完成景区管理局和旅游公司的各项相关任务已成为其主要工作内容。他们需要协助景区管理局维护旅游市场秩序，对违规占道建房的村民进行处理，征收农民土地，还需负责协调处理管理局与村民之间因利益分配引发的矛盾和冲突。春节黄金周，村委会参与景区票务监督。管理局与旅游公司的事务繁杂，以至于村委会难以顾及村寨中涉及村民的民事纠纷等公共事务。调查中，很多村民都认为"村委会就是管理局的。

村委会工作与管理局和旅游公司的联系频繁密切。村委会基本平均每一周都会有管理局或者旅游公司的相关会议，多的时候一周出现过 2—3 次。工作记录显示，在 2011 年 4 月 20 日至 5 月 2 日，村委会参加了管理局的三次会议，涉及景区内交通车辆的管理、旅发大会的总结等。2011 年 7 月 20—31 日，村委会就参加了三次旅游公司有关旅游质量的会议；2012 年 3 月 2 日、4 月 10 日和 14 日，村委会分别参加了管理局关于违规占道建房管理的会议。而在处理旅游开发管理过程中村民与管理局的矛盾冲突问题时，村委会则大多充当管理局决策的执行者角色。系列冲突事件已经明显地体现出村委会本质与功能异化，也反映出管理层体系内部关系的结构属性和不协调。

第三，村委会工作的业绩考评、评优评奖的激励性评价主要源自地方政府。因此，收入与考评"行政化"对村干部形成有效规约。

调查中，针对"你觉得村委会能否代表村民的利益"这个问题，117 人中只有 13 人（占 11.1%）认为村委会"能"代表村民的利益，79 人

（占 67.5%）表示"部分能"代表村民的利益，而有 21 人（占 17.9%）则认为村委会"完全不能"代表村民的利益。村委会在功能上更多的只是负责传达管理层的政策和决定，在村民群体利益和村寨景区整体的发展问题上，未能有效发挥联结并协调村民与管理者、村民与外环境关系的作用。

在 A 村寨景区化发展进程中，地方政府通过调整景区管理组织的权力配置并逐步扩大其权限，常依托与村寨法定组织——村委会在行政和物质层面的多重联系，将其作为介入村寨事务的组织纽带。这便是村寨内部法定组织功能异化的过程。此过程中，村委会或者同属于一个层级的相关村寨组织，属性虽然没有变化，但是目的与功能在物质和利益的同化作用下发生了变化——成为地方政府管理层的代理人。当它无法正常发挥联系村民与管理层之间沟通协调的功能时，景区内部村民的利益诉求和各类信息便难以得到及时有效的传达与反馈。村委会组织功能的异化造成了景区社会生态系统层级之间联系和信息传递的断裂，这形成一个矛盾关系体，并在景区发展和实际管理过程中不断累积，导致冲突的激化。村民群体的集体行动缺少有效组织的依托，加速了乡村村寨公共性的消解过程。由于村民缺乏表达利益诉求和传递信息的有效渠道，且未建立与管理层的制度性、组织性平台相对应的有效关联，村民群体自然会选择其组织心理模式中习惯或有效的行为方式与途径进行表达。这就是 A 村寨景区冲突和群体性事件形成的实际过程和原因。其本质在于，景区内部管理层未能正确认识景区的整体性及其发展意义，在决策和管理中独断专行，导致潜意识层面的对立倾向。这种潜在的认识偏差在组织主体的互动过程中，进一步转化为管理层与村民群体之间的实际对立。管理层与村民群体应该是景区资源利益的共享者，以此为基础才可能形成统一的发展目标，并通过组织系统关系的协调促进景区整体的协调发展。

三 A 村寨景区组织沟通的障碍分析

沟通是组织各主体相互联系、互动以及信息交流的意愿与方式。从内涵来分析，它不单纯是组织信息的传递，也是主体之间表达和交流的主要过程。在具体的组织管理过程中，沟通的作用主要是控制、激励、情感表达和信息流通。控制作用主要通过组织内的职权层次与具体规范形成的渠道实现，例如上下级之间通过信息传达形成的互动，包括上级向下级安排任务、下级向上级汇报工作等。组织中每个层级和关系的沟通，因其属性和联结特点而具有特定方式。沟通根据运行的主体性质差异可分为正式沟通和非正式沟通，它们都对组织内各主体的关系互动起作用，反映主体关系状态。

沟通是一种信息传递过程。它由传递信息的主体产生沟通的意念，而后对要传递的信息进行编码组织，形成具体的信息（information）后通过信息传递的具体媒介传达到接受者，经过接受者对信息的解码，最后成为接受者所理解的内容，进而做出相应的反应并给向信息发送者提供反馈，使其了解信息传递是否准确、成功。这是一个完整理想的沟通过程，顺利实现的关键在于，信息发出者与接受者在文化背景、认知水平、发展目标以及关系协调上的一致性。也就是说，发送者的编码过程受到其社会文化背景、知识、态度和能力的影响，而接受者应与其处于相同的背景环境、认知水平，二者关系对应，才能有效接收信息并准确理解其内容。其中任何环节出现问题都可能影响沟通效果，形成协作困难，进而产生冲突。

沟通是组织内不同层级，或者相同层级群体间信息传递的过程。从生态整体观的角度可以将其看作生态系统中能量传递的过程。各主体的有机联结与适宜传递方式，可以使主体间沟通得顺畅，保证信息或者能量得到有效传递，促进组织整体的协同和内聚，提高组织效能。主体关系的混乱不对应，或者沟通方式不协调，将导致信息传递与理解的障碍，造成信息损耗，并削弱组织行为的协调性，最终影响组织整体目标的实现。

影响组织沟通效率的原因有以下几种。一是信息传递者对信息解码的能力，不能有效地理解信息本身含义，缺乏编码技巧，或者信息本身的模糊性影响了表达。二是信息传递媒介的不畅通，即沟通主体双方的关系不协调。信息发送者与接收者因文化背景、动机或认知方式的不同而对信息理解的偏差。三是信息传递者和接收者双方由于互不信任而引起的信息筛选与刻板印象形成的选择性偏差。四是官僚化的组织机构在信息处理过程中，常导致信息传递出现压缩、膨胀等失真现象。①

以此分析 A 村寨景区组织系统内部各个层次的主体关系以及沟通方式，发现其沟通障碍的形成包括上述四个方面的原因，且各有特点。信息传递的物质基础是组织系统的结构关系及各层级主体的联系方式。A 村寨景区组织系统的复合性，决定其结构与关系的复合性。在此，通过分析管理层与村民主体间的主要沟通模式，进而探究二者间存在沟通障碍的原因。两者的沟通模式是基于各自的文化背景和心理行为模式，现存沟通模式包括管理层的信息传递模式、村民群体内部的信息沟通模式、管理层与村民群体之间的沟通方式。这些模式都在新的旅游经济环境中表现出不适应的情况，并逐步发生着各自的变化。

（一）村寨群体之间的沟通方式及其转变

A 村寨景区内部村民群体的沟通模式以非正式沟通为主、正式沟通为辅。这一模式的形成基础是，村民群体的基本构成单位是家庭，成员间主要以宗族血缘关系联结。美国心理学家戴维斯（Keith Davis）对非正式沟通进行了研究和分类，他将非正式沟通的形态具体分为单线式的沟通形态、辐射式的沟通形态、随机式的沟通形态、群集式的沟通形态。这也是 A 村寨内部村民群体主要的沟通方式。A 村寨村内部的家庭基本都有宗族血缘关系，人们都彼此熟悉。在这样的熟人社会，信息交流都是口口相传，传递方式多半是"一传十，十传百"的网络状扩散。身在其中的个体自然会受到信息传递所形成的群体舆论影响和内控压力。这也是村寨社会内部自我约束的一种力量。

过去的社会生态环境中，村寨内部各层次的组织有一套传统的议事和处事规制，即"议榔"群众议事会。个体或者家庭间的一般日常事务

---

① 李发铨等：《跨文化差异对组织冲突过程的影响研究》，《湖北社会科学》2014 年第 12 期。

沟通基本都是个体直接面对面,或者间接的信息传递沟通。涉及公共事务的沟通处理则会上升到传统的"议榔"议事程序:由村寨内的传统管理层"鼓藏头""寨老""理老"等出面,组织各家族或村寨对具体问题进行商议;各个主事和参与人员都可以就问题提出意见,最后由领导团体共同协议决定。后来村寨成为行政村,内部也建立了正式的法定组织——村委会。这是联结国家地方行政管理机构与村寨之间的组织,负责传达地方政府的思想和政策信息,并反映村民的各种意愿与心声。所以,这一阶段村寨内正式组织的沟通方式是基于机械组织结构的垂直沟通方式,即上级行政管理组织向下的信息传达和任务安排,下级基层组织向上的信息反馈和工作汇报。与此同时,村民内部依然延续着传统社会事务处理与信息传递的模式,所以 A 村寨沟通方式也呈现一个复合的形式,即两种不同属性组织"横纵交叉"沟通模式的逐步融合。此时,由于管理层与村寨内部没有本质的经济利益关系,所以沟通的内容相对单纯,而且有效。

旅游快速发展后,村寨组织环境复合化,内部社会关系复杂化,村民之间沟通模式也发生相应变化。村寨内部由于收入差距逐渐分化分层,农户之间传统的互助、交往关系,在旅游经济环境中逐步货币化、理性化,村民群体关系的原子化、半熟人社会化特征日益凸显。维系村民之间关系的基本信念、传统价值观、信任、舆论、声誉等非正式制度的约束力和影响功能正在慢慢消失。与此同时,外界信息传递媒介的发展变化对村寨的渗透介入(如手机、网络的普及)也改变着村民的信息传递方式和内外关系连接结构。村民的信息传递不再单纯依赖面对面的交流,电话成为必备通信工具。不同方式和媒介构建的网状沟通系统,以及信息环境的开放化,拓宽了村民认识事物的渠道和范围,改变了其自身发展状况,并由此改变了村民群体与管理层的沟通方式。

据实地调查,目前 A 村寨景区村民与管理层之间的沟通主要有两种方式:一是传统上依靠村委会进行信息传递与沟通;二是直接找管理局有关部门反映情况。在被调查的 117 人中,有 51 人表示有问题会找村委会反映,占总数的 44%;而有 48 人选择向管理局相关部门反映，占总人数的 41%；只有 8 人选择向寨老、鼓藏头，以及现有的老年协会反映问题，他们都是 60 岁以上的老人。这反映的是景区管理局权力的逐步扩大与村寨传统管理组织权力与功能的消解。实际访谈中，绝大部分的村民表示，无论向管理局还是向村委会反映问题，都很少得到实际反馈与解决。旅游经济环境下，管理局对景区总体经济收益信息的不公开，以及村民反映的问题不能得到有效反馈与解决，都证实了两个主体之间的沟通障碍明显。这也是管理层与村民之间互动过程中冲突形成的症结。

(二) 景区管理层内部的沟通方式

管理层内部的信息传递基于严格规整的组织结构，以及职权分明的规制。沟通模式为垂直与水平沟通的交叉模式。上下层之间基本是垂直式的链式沟通；同层级组织部门之间是横向信息传递。但由于条块分割明显，部门之间的联系和信息沟通并不通畅。基层人员基本不参与决策过程，自主性的信息交流较少，总体的协调需要管理层领导的统一安排。管理层组织内部的沟通方式是基于行政组织文化的链式沟通，体现明显的集权制和权力距离感。这种沟通模式也包括管理层与村委会的沟通。它是一种相同的组织文化环境中，目标一致的信息传达，但由于层级特征明显，以由上向下的传达为主，基层的反馈效果不明显，沟通效率不高。这也体现在与村民沟通的实际过程中。

(三) 管理层与村民群体之间的沟通方式

管理层与村民之间的沟通是基于两者的组织关系和沟通模式。理论上，景区的管理层与村民群体之间应该是引导和协作的关系，那么两者之间就应该有适应彼此的沟通联系方式。但实际上，景区管理层与村民群体形成了上下级主导的管理关系，且双方各自拥有一套基于自身组织文化建立的沟通模式。这就形成了两者沟通的基本障碍。对此，双方都没有明确的认知，也没有就沟通问题做出协调和改进。景区管理局与村民之间的连接和信息传递基本是通过村委会来实现。村委会将管理局的决策决定传达布置给各个自然村寨和村民小组，这是最典型的科层制机构沟通方式。管理层的沟通方式受自身组织行为惯性影响，未能充分理解和适应村民传统的主要沟通方式，但仍尝试通过多方面、多渠道与村民进行直接沟通。村民群体则在管理层对利益分配、信息不公开等具体管理行为中，对其产生了不信任感。两种沟通模式各行其道，没有在交互过程中形成有效的相互协调。从村委会的工作日志记录里可以看出，管理局的任务均通过村委会向下传达。而管理过程中形成的村民对于村委会的不认可，使村民们认为村委会不能代表自己的利益，不能反映自己的问题，所以不愿与村委会进行积极沟通。这样，中间联结功能失调，信息传递受阻，这也是主体间沟通障碍形成的主要原因。

(四) 景区内组织沟通障碍实际成因

A村寨景区内部的沟通模式是与其组织系统关系相对应的，体现一个复合的网状结构。但是，各层级的组织主体与社会生态系统之间却缺乏对应的联系机制和适配的沟通水平。

景区组织沟通障碍的形成有以下几个方面的原因。一是内部组织主体之间结构关系的不协调，导致的沟通物质通道的不对称。管理层与村民之间的关系并非社会生态系统对应关系。二是管理层与村民群体组织文化差异导致的"语境"差别，造成信息传递与理解偏差。管理层与村民基于不同的文化背景，对景区发展有不同的理解与具体目标，这决定了管理层的发展决策与村民实际希望之间的差距，导致沟通误差，进而形成矛盾。三是在具体管理过程中，组织主体沟通模式不对称。管理层决策过程中信息掌握不全，同时控制对村民的信息公开；而村民群体则认为自己是景区的主人，应该享有决策权、参与权和知情权。两者形成了矛盾。管理层对景区资金使用、收益信息的不公开，以及村民问题上报之后没有回馈等情况，导致村民对管理层信任度降低，形成选择性知觉，以及沟通意愿的降低。最终，因沟通障碍累积形成村民的"群体思维"行动。

旅游经济环境下，新的社会生态系统形成以及联结方式的网状化发展，都要求沟通方式的改变和适应。A村寨景区复合组织系统的形成自然也包含着多样的沟通形式。这些沟通模式如何有机衔接，需要一个良好的沟通环境与更高层次的沟通意识。而在此发展过程中，各主体的沟通障碍也表达为不同形式的冲突。最终在冲突消解转化的过程中达到一个新阶段的协调适应。

第三节 A村寨景区的组织冲突机制

一 A村寨景区组织冲突模型构建

根据前文的分析可知，A村寨景区组织冲突是一个物质冲突与管理过程冲突相统一的动态复合体系。其物质基础是两个组织系统交互而形成的复合组织形态。物质体系是组织各层次主体由结构关系错位、文化差异导致的内部分化和矛盾累积，由心理到文化体系逐步外化扩散的具体冲突构成。从实际管理过程来看，冲突是管理层与村民群体在管理互动过程中，由于组织结构、规制和沟通模式不对称而逐步形成的矛盾累积与知觉过程。在对管理过程的问题分析中发现，管理层组织自身内部的矛盾也是引起景区组织冲突的关键因素。组织冲突体系中的具体层次和环节可以解释为村寨社会生态系统与外部环境交互适应的能量转换过程。

二 冲突系统作用机制分析

（一）构成与特点

从上述冲突系统模型分析可知，A村寨景区的冲突体系是A村寨原生社会系统与管理层组织系统交互作用的结果，体现为组织物质冲突和管理过程冲突的相互关联与统一。其外部影响与介入环境为旅游经济环境，冲突的主体为村民群体组织与管理层组织。这里需要说明的是，景区旅游公司虽然与管理局并行，但其组织为经济属性，主要功能是负责景区旅游经营事务，直接面对村民群体的机会少，而且在其发展过程中由于业务需要还招聘了少数村民作为职工，解决了就业问题。而管理局则是直接管理组织，负责各项具体事务，直接面对和管理村民群体，所以矛盾冲突直接而且集中。

A村寨冲突构成分为三个层次，即村民个体与管理人员的具体冲突，属于个体层面；村民群体与管理层之间的冲突，即组织之间及组织内部的冲突，也是冲突系统的主体与核心；主体之间的心理层面以及文化体系的冲突，这是深层的冲突，也是冲突的内核。

A村寨冲突系统有以下特点。一是组织系统冲突的复合性。社会生态环境的复合性造成了组织系统关系的复合性，冲突所反映的是组织系统内各主体之间的关系状态，所以冲突系统也呈现复合性。二是组织冲突系统的动态发展性。组织冲突是主体组织系统的交互作用过程中关系变化的体现，环境的介入过程产生主体关系变化，组织冲突也呈现动态变化。三是组织冲突系统的整体性。作为组织系统的主体关系状态体现，各个层次冲突虽然表现有差异，但其内在相互联系，互为因果或表里，构成冲突整体系统。

（二）作用机制

组织冲突体系是冲突主体之间在不同层次关系不协调状态的反映。这个关系的不协调是A村寨景区实际组织系统关系与社会生态系统应有关系的不对应结果。所以，冲突系统与实际组织关系对应，反映社会环境的作用与变化过程。通过冲突系统内的冲突关系研究（形成原因、具体作用过程），明确各层次冲突的性质和关系特点。对冲突及相互关联性理解越深，越能从整体上把握转化与预防冲突的途径，促进协调关系的达成。最终达到组织系统关系与社会生态系统关系的协调对应。A村寨景区冲突是一个复合系统，它包含各层次、不同属性并相互关联的冲突。不能单纯以冲突的功能划分对其进行简单的定性，需要具体分析各类型冲突的作用意义与相互关系，进而研究管理对策。

A村寨景区规模性群体性冲突事件的发生，虽未从根本上影响景区的正向发展，但村民对管理层的心理负能量积累已达到了极值。涉及主体价值观的核心利益冲突对组织的破坏性很大，管理层应该明确这个信号并做出调整。村民群体之间的矛盾冲突由于其性质和主体关系依赖性因素，需要明确具体冲突的实际作用，掌握冲突的方向引导与预防管理。

景区的冲突是一个有机的整体，其中任何主体关系的不协调，都将影响组织系统的整体构建，需要联系性的分析与管理。

三　冲突转化是 A 村寨景区组织功能实现的途径

(一) A 村寨景区冲突的内涵分析

A 村寨景区发展是一个组织系统文化构建与组织心理实践的过程，即景区内原有村民群体与管理组织在新的系统环境中互动、适应、协调。这个过程中所产生的矛盾冲突，是基于复合组织形态的物质环境，体现的是不同文化背景的组织群体在适应社会环境关系变化过程中，构建组织文化的阶段性状态表现。

复合组织系统是乡村地区旅游开发过程中所形成的产物，这是乡村经济转型过程的一种普遍现象，与资源禀赋相关联并体现区域性特点。在此过程中，农业经济中的社会组织在新的经济环境中需要从社会与行政属性向包含经济属性的复合组织转型，这必然面对复合环境中不同属性组织的联系与互动，逐步形成某一特定空间区域范围内组织存在的复合系统。它们或通过某种具体的经济形式联结成一个复合组织，甚至形成大规模的组织体系。原有的相对单纯的组织环境和形式在经济环境渗透的过程中，不断拓展横向组织间联系，并逐步深入文化体系的联系互动。这是组织属性和形态向文化复合化发展的过程。另外，我们需要对村寨景区组织或者组织系统的文化复合性进行探讨。乡村地区各乡村群体与生存的自然环境共同构成了完整的社会生态系统。乡村文化是该社会生态系统内部关系的表现，而组织文化则是其中的组成部分。基于经济关系联结形成的村寨景区引入了具有外来文化背景的管理层组织，使其组织系统呈现出形式统一但文化分散、适应的状态，整体构建仍处于起步阶段。属性、形态的复合是冲突的物质关系与形式构成，而组织文化体系间的冲突才是 A 村寨景区冲突的根源与实质。

从组织属性、形态到组织文化与环境关系的变化，必然引发不同层面的反应。其一，从物质层面开始，表现为人际关系中各种形式的利益纠纷和矛盾冲突，作用于乡村文化物质层面的各种变化，服饰、建筑等的异化；其二，是社会规范的变化与调整，表现为传统社会组织中的规制在新的社会环境中效力范围的缩小、消退，村寨中原有的乡村领袖权威在新社会环境中的权力弱化。另外，具有连接协调作用的村委会功能异化，不能有效发挥上下、内外的协调沟通作用。这样的情况下，新组织系统内部的制度没有形成，而管理层现行的以地方政府偏向性资源和利益控制为主的管理模式与村寨原有的社会管理模式形成很大的反差，不能得到村民的认可。整个组织处于混乱状态，组织矛盾不断累积。从组织文化内部来看，经济收益差异导致的社会内部分化，使村寨内部原有的结构格局开始变化；这些矛盾冲突的累积，最终形成了 A 村寨景区内原生环境乡村文化中基本信念的变化，即组织价值观的动摇。这一变化外化为村寨内部群体的分化、分裂，进而形成内部的矛盾冲突。而村民与管理者基于不同文化的组织互动，则形成两个文化体系的冲突。综合分析，A 村寨景区的冲突是一个复合性冲突，是一个物质形态冲突与不同主体文化差异冲突相交织，从心理环境到文化体系，贯穿整体的立体冲突系统。其中的各个冲突相互直接或间接联系、作用，共同形成一个系统。

(二) 冲突转化对 A 村寨景区组织功能的意义

前文的分析框架中已经对冲突的本质与组织文化体系的关系做出了分析，即组织冲突是组织物质层面与内在文化体系关系矛盾的体现形式。由结构关系的不协调所导致的功能失调也表现为各个层面和类型的冲突。由此，可以得出通过冲突的转化过程，即对结构的调整、有效互动来促进关系的协调，并逐步实现组织整体文化的构建，这也最终实现组织功能的正常化。A 村寨景区组织系统从组织结构、主体关系的认知到协调与信息传递的过程等方面，都与社会生态系统的关系不对应，因此存在很多问题与矛盾。在具体的管理过程中不断累积甚至激化，使得整个组织体系的功能处于失调状态，影响了景区组织的发展和目标的实现。需要从 A 村寨景区组织的外部物质构成与内部的文化体系两个层面，对其冲突的形成、关系表现、发展积累过程进行具体分析。把握核心冲突并深入研究冲突的根本原因及其关联冲突，同时对具体管理行为过程中的矛盾进行分析，把握其动态发展特点和具体的冲突特点。进而对冲突作用机制进行研究，提出相应的管理和转化的应对措施，以促进景区整体性发展和文化构建，使得组织功能正常化。

第七章　村寨景区组织冲突管理的生态化发展

本章根据前文构建的组织冲突系统与作用机制模型，以生态心理学的思想和理论为指导依据，针对具体的组织系统特点和冲突体系提出了管理的要求和整体性构想。这个冲突管理体系的构建理念是基于组织开放性本质和冲突管理的基本原理，以生态心理学整体的思想，以关系有机、相互作用、运动发展等理念，运用环境关系发展过程中的权变理论，对组织冲突管理的一种立体构建和阐释，也是实际关系环境中讲求生态效度的组织管理研究。

第一节　组织冲突与组织发展的辩证关系

如前文所述，管理的目的是组织系统的协调与发展。实现这个目的，首先要使组织内的各个构成主体能协同一致地去完成组织目标，同时满足成员的个人需求。其中包含两层意思，即组织的整合与群体间的关系协调。在具体的案例研究中发现，这两个目标都是通过关系主体之间的交互作用形成的冲突过程得以实现的，而目标实现的效果在于对冲突的控制和协调。那么，在对组织冲突进行管理时需要明确组织冲突的关联性、主次关系以及具体的正负作用，把握对冲突性质的判断和程度控制，发挥组织冲突中的积极功能，预防破坏性冲突的实质性发展。

一 组织冲突管理的"两分法"与"综合法"

对组织冲突属性与功能的辩证关系认识，是进行组织冲突管理的基础。自从学者们认识到组织冲突的正面效应以后，组织冲突管理的"两分法"开始兴起并发展。有关冲突管理的研究通常把冲突分为"功能正常冲突"（Functional Conflict）和"功能失调冲突"（Dysfunctional Conflict），或者以"建设性冲突"（Constructive Conflict）和"破坏性冲突"（Destructive Conflict）来区分，并对两者的辩证关系进行讨论。冲突的辩证关系是"两分法"的内核，它增加了冲突研究的客观性。学者们的研究对组织冲突的属性、功能做出判断，并提出相应的处理对策：有观点认为，对个人或组织绩效有消极影响的冲突，都应该消减；而有些冲突对个人或群体绩效有正面影响。这类组织冲突应当培养并保持适度的数量，以保持组织的活力。而大多数的学者都一致认为，冲突管理的本质就在于，设计有效的策略以最小化破坏性冲突的影响，而使冲突的建设性功能最大化。"两分法"是组织冲突研究的一个阶段性成果，而且研究主体是企业范围的组织。以现阶段社会发展的实际情况来看，组织所面临的内外环境是多重复合的，而且其性质和形态也愈加复杂化。组织冲突作为组织与环境的互动适应关系状态，其具体表现也逐步复杂化、系统化。其性质和功能都并非单纯的以正负性区分，冲突之间相互关联、相互作用，纯粹属性的冲突实际上并不存在。在组织发展的不同阶段，处于不同的环境关系中，组织冲突对应组织系统关系，并随之发生相应变化。我们需要从冲突的矛盾运动本质出发，把握组织系统关系与冲突的内在联系，根据组织发展的阶段与具体环境的适应关系，综合地考虑组织冲突的表现、结构关系特点，进而研究其实际作用意义。以此来做出判断，采取预防措施或积极管理策略。

二 生态化的组织冲突功能：从分化到整合的组织文化构建

组织冲突的"两分法"是对其属性及功能的一种辩证认知理论。这是基于组织冲突性质与内涵认识发展的阶段性结果，也是一种针对组织具体冲突的有效分析。就本书的研究对象而言，面对社会环境的变化，组织的内外环境也相应复杂化。这要求我们以组织的真实关系状态，系统考虑组织冲突对于组织的作用意义，实现以人与环境的实际关系为基础的生态心理学理论所要体现的一种思维生态化过程。所以，对组织冲突功能的研究也应以冲突的系统性为前提，从外部的表现形式到本质的内涵来进行探讨。本书着重分析组织冲突的内涵，这是理解组织冲突内在功能与具体表现之间关系的基础。首先要明确的是，之前组织冲突功能"两分法"的辩证理论形成的哲学基础是实证主义，现实环境是以企业组织为主体的社会关系环境。在社会发展的过程中，环境与人和人群的关系已经不只是社会环境，而是自然与社会环境的整体。人怎样认知自身与生态环境的关系，需要明确的是人的位置，以及环境与人的关系作用意义，即生态哲学的思想基础。基于这样的思考，将组织视为人与环境联系作用的一个范围主体，组织通过与环境的交互过程来实现自我的发展构建。两者之间的联结关系是个体复杂的体系，具体互动过程形成的模式是组织的心理模式与文化，而这个组织整体构建的过程也是组织各个关系主体之间矛盾冲突的运动发展过程。这里的冲突并非一般意义上事物的两极对立，或对立的心理与行为状态，而是组织系统之间复杂关系交织的一种状态。

任何一个组织都必然面对的一个关键过程就是"整合"，将其内部不同层次主体的不同认知风格和行为模式整合成一系列更一致的、目标导向的活动。[①] 组织在外部环境介入过程中，各层次的协调整合实现程度，是目前组织系统衡量其效能的一个关键。这需要考虑几个具体问题：一是组织中的不同群体符合对应组织的整体要求，同时也能满足群体成员的心理需求；二是协调和管理组织内的群际竞争与冲突；三是组织系统总是一个拥有多重职能和目标的系统。其中各个层次的目标实际上是存在相互冲突的，如何面对和处理这些实际的目标冲突，将影响组织的整

---

① ［美］埃德加·沙因：《组织文化与领导力》，马红宇等译，中国人民大学出版社 2011 年版，第 213 页。

合过程。这些是组织最基本的关系矛盾，反映的是组织的复杂性和矛盾性本质。

  组织的"整合"需要组织内群体文化与组织整体文化在一定程度上的统一，对组织总体目标的认同，以及组织主体间的协调与共同行为。组织通过内部各层次主体的互动来明确彼此的关系与意义。在各主体与环境的具体行为互动中识别差异性，通过协调不同层次主体的差异以达成理解包容，进而实现认同与合作。达到一种新层次的统一和整合状态，同时伴随组织文化的构建。这一过程的实质是"分化—整合"。它通过组织各个层级主体与环境的适应差异形成的组织分化、调整、提升来实现。这是组织群体与环境的矛盾冲突协调转化过程，体现出组织生态系统中组织冲突的作用和意义。

  乡村村寨景区是一个"生态性+社会性+经济性"复合环境中形成的复合组织系统。其组织内部管理层与村民之间、村民群体之间、各个层次之间，以及层次内部群体之间的矛盾都是组织各主体对环境变化的适应差别，与环境作用关系的体现。其本质是组织内群体文化体系对环境变化的差异性实践互动。在差异关系的协调中形成心理模式的对应调整，以此进行组织文化的阶段性构建。在具体的组织冲突管理过程中，需要系统分析冲突体系、明确核心冲突，以及相关性因素作用分析，进行系统性协调管理。通过组织冲突协调转化的循环过程，推动景区文化构建并实现组织整合。

第二节　组织冲突管理生态化的理论思考

  在对组织冲突本质的理解基础上思考冲突管理的具体问题，必须联系组织的复合性与环境间的关系作用，以一个运动发展过程的视角对其进行研究。复合组织内部是一种立体结构，它以此为基础与复合化环境在互动过程中协调适应并整合。这是基于生态哲学思想对组织冲突管理的研究思路。

一 组织理论对组织冲突管理的作用

以往对组织冲突调控管理的研究都是基于传统组织理论范畴,研究组织冲突的分类、成因和冲突过程中的具体问题,以及应对策略。很多学者都在组织冲突管理研究中提出了行为的原则:需要以辩证的思维来考虑冲突,讲求公平的前提。研究有提及环境营造的问题,也有人在管理策略中针对不同类型的冲突提出了应对的办法,如组织结构的变革、任务的变化、上级管理层的介入、沟通的加强等。其目标都是提高组织的管理效率,体现出具体化、局部化、分散化与注重实效性的特点。对组织冲突的研究没有一个系统的组织冲突理论,这影响了组织冲突研究的整体发展,与组织研究的实证主义思想背景相关。从组织发展的趋势来看,"见子打子"式仅研究"具体冲突事件"的管理模式,割裂了事件与组织环境的内在联系,无法从整体上把握组织冲突系统的本质与特点。冲突管理也多流于表面问题的控制解决阶段,没有从更高更深的层次理解冲突的系统性。如果我们能从组织系统与环境的关系出发,结合组织在新环境中的变化特点,以其开放性的认知对组织冲突进行系统性研究和理论的建构,将有实际的发展意义。

具体看组织研究中的"社会系统模型",这是社会学家霍曼斯提出的存在于不同规模组织的环境系统。它由物理环境、文化环境和技术环境组成,三者彼此联系、相互影响、相互作用。这是一个基本的组织环境系统,它反映组织不同性质与层面的关系构成。向外与组织、环境形成联结,向内形成层级间的关系构建,最终构成组织的整体环境。组织冲突存在于组织系统的每一个关系中,通过主体间所处环境条件的差异互动关系来体现。对这个环境系统关系的把握,将促进组织冲突立体系统的构建。当组织越来越复杂时,立体的结构与关系、组织目标的设计,以及信息的传递方式都会有新的特点。科特(John P. Kotter)以组织动力学为基础提出组织发展的动态诊断模型,这是对组织发展的动态影响因素的关系分析。为组织冲突的管理提供动态分析思路,可结合组织在具体环境中的动态关系特点,关注其互动过程,并及时调整干预组织结构与关系，进而实现组织冲突管理。以上两种理论模型分别从组织联系的范围和组织发展的动态过程提供组织冲突研究思路，以及管理应对方法。以生态心理的整体观，可以将二者的思路整合形成一种立体的、动态的组织冲突研究思路，探寻复合组织系统的冲突管理方式。

二 组织系统发展与应变理论

将前文提到的组织范围关系的环境系统理论和组织动态发展理论联系并综合可以发现，组织系统处于一个纵横交错的立体多维度时空范畴。组织冲突在这种立体动态的结构系统中存在，体现复合性与变化性。生态发展观为组织研究提供了人与事物关系变化的立体化和复杂化本质特征。应变理论则是基于"人与环境"的复杂关系，研究组织系统的动态发展问题。以发展观分析，个体或者群体在发展运行过程中不断变化的心理、价值观、人格等因素，根据具体的关系问题采取相应的对策。所以，组织冲突管理的基本思路是在实际的关系环境中，以开放的系统为基础；在组织动态发展中，运用应变理论处理组织系统内部各层级主体间的具体问题。这需要明确组织的属性和特点，在此基础上判断组织系统内主体之间的关系状态，把握组织冲突以及群体作用在不同情境下的特点，进行具体引导、控制和协调。

A村寨景区是属于大规模的复合组织系统，内部的两个组织主体是村民群体与管理层。内部都自成体系，村民群体为管理对象。两个主体与环境之间的互动适应，以及两者之间相互作用所形成的矛盾冲突与其关系状态对应，体现复合性与动态变化性。以景区中的村寨主体来分析，各片区对景区的整体性认同度不高。现阶段已经形成了组织内部的分化、分层以及矛盾关系。村寨群体凝聚力分散与内在的矛盾关系都显示其统一性的衰减。但其主体构成是血缘家庭，群体关系的根基依然还在。一般来说，当问题比较复杂，而且群体成员异质性比较强，就能够形成技能和信息的互补。如果在解决问题的过程中，这些技能和信息能够有效的汇总，那么群体行为效率更高。但在同质性较强的乡村村寨，群体决策的效率往往受到具体事件、环境条件的影响，难以掌握。管理层需要针对不同的群体特点和所处的具体情况进行不同的协调管理。

对于管理决策，原则上人们更愿意执行自己参与的决策，而不是强加于自己的决策，村民群体也是一样。在集体文化背景下，群体倾向于适应较大的权利距离感，并讲求大局意识。一般情况下，基层都会比较容易适应并接受权威和领导的指令。组织冲突管理过程中，在看到具体组织间文化差异导致矛盾的同时，也要考虑整体社会文化背景的影响。管理层与 A 村寨的内部群体都是集体主义文化环境中的组织，具有组织的共性和文化的适应性。以应变理论分析，需要明确组织群体在不同组织环境中的特点与差别。管理层则要根据群体所处的具体环境，以差异化策略来实现组织冲突的协调转化与有效管理。

第三节　组织冲突管理体系的构建

以生态心理学思想对组织冲突管理进行系统性构建，需要明确组织体系内主体间的文化差异问题，以及联结关系的动态变化。以 A 村寨景区来说，对景区内组织主体间文化差异的认识，树立跨文化管理的理念，是构建生态化管理体系的基础。村寨景区是一个复合组织系统，组织文化的差异与多元化是客观存在方式，也是内外矛盾冲突形成的根源。跨文化管理的思想应对主体文化多元化，是管理生态化的一种具体表现。管理系统的构建是以一种整体的思想，去研究实际环境中组织系统冲突的构成与特点，通过对冲突系统机制的把握来探索有效的转化与管理方法。

一　景区组织系统整体性

理解组织系统的整体性要从组织系统的本质入手。现阶段，我们将组织理解为一个与多重环境联系作用的、复杂的、开放的动态系统。这里面包含如下几个层次。一是复杂性。前文分析了组织所处环境的复杂性，但人的组织或者群体实际上都是多重职能的复合系统，并没有纯粹的唯一性统一目标。组织的目标是一个组织系统与环境关系的能力范围体系，是内部各层次子系统目标的有机构成。二是开放性。组织通过与环境之间的交互作用来实现信息交流和能量交换，以确定自身的位置和发展方向，也通过组织内外的关系互动来促进自身的协调发展。这是组织运行方式。三是依赖性。组织内部各个主体之间有明确的层级关系并相互依赖，形成有机的联合。这是组织实现整合的基础。各个层级子系统的联系和相互作用构成组织内部系统，同时组织也通过这个关系结构与外界环境进行交互作用，促进组织从部分到整体的发展，并在环境互动的实践过程中进行组织文化构建。

从时间的发展来看，组织存在于一系列动态变化的环境中。如果从组织系统关系的范围来看，可以从内外环境对组织进行分析。外部环境即社会学家霍曼斯提出的社会系统环境：物理、文化和技术的环境。这里说的外部环境实质是组织系统的物质层环境，组织内的主体都在这三个相互联系并彼此作用的系统环境中进行活动和联系。而具体的互动实践过程又产生了组织内层环境，即组织心理环境。组织的自身文化构建就是伴随心理环境变化作用过程形成的。这样内外的联系与交互作用才构成环境中的组织整体。

组织内部的整体性是通过各个层级主体关系的协调整合来体现的。组织属性和形态的认知是对其内部整体性把握的基础。组织的整体性并非单纯的统一性，而是一个层次系统的多样性，有机联系与协调发展。组织内部的层次和多样性是系统的本质与存在方式。整合的实现，需要明白各层次主体在适应环境过程中表现的差异分化性质，以此为基础构建一个协调性的共同发展目标体系，并领导协助各层次子系统目标的构建和完成。各个子系统目标的完成促进整体目标的构建，以更高层级的目标体系来实现组织的整合。但实际情况是，组织各个子系统的目标之间存在客观冲突，明确其存在的意义并进行针对性的协调处理，在很大程度上决定组织整合的程度和效果。其中，个体自我实现的程度又影响着每个子系统的目标实现效果。整体目标的形成是基于各层级群体的文化特点，以及群体之间的关系与有效沟通模式。以村寨景区组织为例，管理层与村民，以及村民群体之间通过子目标的制定，促进主体适应能力差异协调，进而构建景区组织生态系统和组织文化。组织文化构建也是组织整合的过程。组织文化分为组织之间和组织内部不同层面的亚文化，文化在内外主体间的交互作用下有新的发展，促进组织整合。

二　复合组织系统中制定组织的多目标体系

多目标体系是实现景区组织系统整合的一个基础，其形成基础是对组织复合性质、多重职能与内部多层级关系的认知。实质是组织复合系统内部各个层级群体亚文化的多样性存在与组织整体文化的构建和关联。它不是孤立的目标集合体，而是一个有机联系的体系：通过主体间沟通和内外环境信息收集，对组织内部各主体关系特点和发展目标充分了解的基础上，构建一个更高层次的整体发展目标。这一目标与组织文化构建的方向相统一，以整体目标形成决策认同，各级主体根据自己的文化、能力特点和发展水平等综合衡量之后，拟定的次级层次的子目标。通过对整体目标的有机分解，使组织内部的群体间冲突得到分散。原理是，拟定适合各个主体的能力特点并能实际完成的子目标，可培养并发展群体的自治能力，以提高群体对环境的适应能力，使其可以通过自我调节的组织结构和规范应对不同的环境变化出现的问题。这样的组织环境中，群体能够相对专注于自己的目标，而且目标是其能力范围内可以达成的，可以通过实现目标的心理满足和利益收获的效果来减少与其他群体的冲突。与此同时，需要正视各个子目标之间的实际冲突情况，组织需要协调并处理这一类的目标冲突，使子目标之间尽可能形成有效的联系和相互的支撑，以促进组织整体目标的实现。

三　组织内各层次主体的个性策略

对于组织冲突的管理策略，需以前文提出的组织与环境关系的统一性为基础认知，具体考量组织整体性多维目标体系的构建，并开展组织及其冲突的具体管理策略研究。在具体的管理过程中，需要根据当下环境中组织系统内部各个组织主体之间的性质、关系特点、文化差异，以及组织发展水平差异来制定差别化的管理策略。

(一) 管理层体系的合理构建和良性运作

管理层对 A 村寨传统社会生态系统而言是一种外来组织。它的介入是伴随景区的旅游发展过程，以其自身的主流行政组织文化作为行为基础，实现对景区资源的掌控与村民群体管理。但管理对象 A 村寨村民已经有一套认同的传统文化和社会规制，所以管理过程便成为两个组织系统的交互适应过程。适应与否和效果取决于双方组织能否在复合的环境中建立一套共同决策并认同执行的正式机制。这个机制建立的关键是，基于景区生态环境的整体性来考虑各个主体之间应有的生态位关系。以此建立协调对应的组织结构关系，使管理层—村委会—村民之间形成良好的沟通与协作，各层次主体充分发挥其功能作用，进而促进景区整体的协调发展。管理层和村民群体之间本质应该是"引导与协作"的关系。引导基于村民群体对管理层的依赖性，这是由自身发展水平决定的；协作关系则基于村寨景区资源的完整性，村寨群体是景区的主体也是资源的一部分，不明确这个权属将无法实现景区真正的可持续发展。

村寨景区的复合性是旅游经济环境的复合性进入形成的。面对复杂的多重环境，管理层的管理模式也需要新的应对和发展。现有的管理层关系矛盾在于，组织价值观决定的认知和管理模式。管理层对其自身的结构和管理制度的改革，只是想通过对组织层级的调整达到一个提高权威性和扩张其权力控制范围的目的，对相同集体文化背景之下的村民群体也许能在一定时间和范围内起作用。但从组织系统所处的环境以及关系层的本质来看，单纯依靠组织的结构调整与变革并不能解决景区组织系统的复杂问题。管理层与村民群体这两个主体如何在景区发展的不同阶段，调整适应彼此的文化与行为模式，将决定阶段内的组织冲突控制和转化效果，也将决定组织的良性运作和管理效果。

景区内的组织主体间互动作用过程，也是两个文化体系的互动过程。必然存在一定程度的同化，这个同化过程受主体具有的组织控制力、组织文化的稳定性和人员的集体作用影响。管理层对村寨是一种介入过程，管理层与村民群体在交互发展过程中互动影响。在管理层权力膨胀的过程中，村民群体的力量也在蓄积发展，形成对抗。从中可以看出组织的差异多样性对 A 村寨社会生态系统发展的促进作用。

（二）村民群体的发展

对于村民群体的组织管理策略，一方面需要考虑其组织的属性和特点，从个体与群体两个层面，以其发展水平对环境变化的适应力差异为依据，制定具体冲突管理协调策略；另一方面，村民群体基本构成是以情感关系为主的社交组织——家庭，在进行关系协调和冲突管理过程中，关键在于明确其群体性特征，以及对群体作用功能的把握和调整。

1. 适应性差异对策

乡村村寨的内部成员具有相同环境的乡村传统文化，同质性较高，知识水平和发展技能有限，组织整体发展水平不高。由于教育的发展，内部自然年龄分层的特征明显，认知与能力在个体上体现明显差异。新的旅游经济环境下，原有的社会组织内部成员因环境适应能力的差异而出现群体分化状况，并表现为内部的收入差距扩大，引发矛盾冲突。这是一个组织发展的必经阶段，如何把握对适应性差异分化的控制，对于组织整合有重要的意义。应该对不同群体的具体情况进行细致调查、分类，掌握群体特征，按性质、能力的差别进行差异化管理协调。例如，对有知识基础的个体或群体进行相关从业的系统培训；对有一定发展能力的个体或群体进行针对性培养与提高，使其逐步成为群体发展的带头人；对于能力较差、条件有限的个体或群体则应该实行专项的帮扶。给不同层次与能力的村民群体拟定与其特点水平相对应的子目标，并引导、帮助其逐步实现。这对村民群体而言可以通过目标的实现得到物质利益的满足，同时体现自我提升的心理满足感，由此改善群体之间的对立矛盾状态。此外，目标的达成过程也能促进适应力的提升，进而推进组织整体目标的达成。

2. 群体性的发挥与协调

乡村村寨内部的群体是管理的对象主体，也是组织冲突关系的主体。乡村传统文化与生活环境特点决定了村寨群体的群体性突出，且区别于一般组织。对于管理层来说，如何利用和管理村民的群体性是协调组织冲突的一个关键。对于大规模的组织系统，类似 A 村寨景区以家庭社交组织为主体的组织系统，其组织的设计和目标的决策不能完全以管理层的统一模式来制定。应该以景区发展的整体目标为基准，根据村民群体特点，将总目标逐级分解，拟定子目标。以具体的项目或差异策略来引导和利用村民的群体力，发挥其积极功能，促进景区以及村寨的发展。例如，村民群体内部存在适当的群际竞争，可以促进各自的发展。但鉴于其彼此血缘关系的依赖性，需要控制好竞争和冲突的程度，在一些特有的情况下则需要避免群体力量的副作用出现。

四 组织（内外）良性开放性环境的构建

组织系统与环境通过一种边界发生联系，这种边界既区分系统又对环境交换起中介作用。因为组织系统必须与一系列与其相适应的环境相联系以获得生存与发展，所以管理层设计一个理想的组织环境并逐步创造出这种环境是非常必要的，这个过程就是"开放系统规划"。即通过对环境关系的认知和把握，协调并构建适应组织发展的交换畅通适宜的内外关系环境，是协调组织冲突实现有效管理的一种新途径。[①]

当今世界环境复杂多变，信息技术迅速发展，社会及经济关系全球化。环境的变化使组织属性、形态逐步复合化，组织信息交流方式也发生了巨大变化。新环境关系中，组织与环境的关系范围不断拓展，联结方式复合网状化，信息传递方式也多元化，使组织之间、组织内部的主体互动和联系的方式发生相应的变化。组织及其冲突都表现出不同于传统组织的特征。面对内外环境关系的变化，要求管理者对环境关系与组织特点有清楚的认识，以促进组织与环境的协调，营造良好的组织关系环境。

乡村村寨景区是旅游经济环境对村寨社会生态环境的介入并互动形成的复合组织系统。由于旅游业本身综合性强，所以旅游环境对村寨社

[①] ［美］埃德加·沙因：《沙因组织心理学》，马红宇、王斌译，中国人民大学出版社 2009 年版，第 193 页。

会环境的介入不像某种专门性项目的介入有范围限定，而是一个从经济开始到生活习俗、思维方式，以及心理模式、文化价值观全方位介入过程。面对这样的复杂环境，管理层作为发展水平相对村民群体较高的组织，需要明确复杂的内外环境关系与条件，针对景区组织系统的复合化和开放性特点，采取多元化的管理模式，构建一个"开放式的系统环境"，使其内外部的信息与能量能够畅通交换。可以根据各主体自身发展情况和文化特点，培育组织内部不同性质特点的组织和群体，并构建有效的交互协调关系。通过不同层次主体的冲突关系协调管理来实现组织系统的整合，以组织自身对环境的适应与掌控来促进有效管理。

第八章 研究结论与展望

第一节 研究结论

本书以一种生态心理学的整体性思想对复合组织系统以及冲突进行研究。通过构建复合组织分析框架，对实际案例中的组织冲突属性和功能机制进行研究，在此基础上构建了一个组织冲突体系，并对组织冲突管理的生态化进行探讨。本书对组织冲突的本质内涵进行了理论分析，并以实际案例为基础进行实证研究。

一 理论研究结论

组织冲突在之前的理论研究中并没有占到一个主要的位置，源于组织研究的阶段性倾向和主体范围侧重，也体现出其研究思想与理论的局限。在社会环境关系复杂化的过程中，应该以适应性思想和理论对其进行实际的研究。基于生态心理学的生态思想对组织冲突进行研究，是一种从组织与环境关系整体出发，从物质行为层面到内在心理层面的立体化研究。需要厘清组织文化与组织冲突的内在关系本质，通过对组织系统以及组织冲突内涵的重新审视，促进组织及组织冲突研究的提升和发展。

（一）明确复合组织与社会生态环境的整体性关系

组织是社会系统构成的基本单元，与社会系统内在联系统一。在社会环境一体化发展过程中,组织与社会环境甚至是自然环境的联系更加紧密,相互作用及整体性越发凸显。这促进了组织属性和内涵的发展变化。复合组织是组织与其关联的社会生态环境相互作用、协调适应的产物。其发展特点体现出与社会系统的内在联系和整体性。

复合组织与社会生态环境的整体性从组织结构形态、连接关系、组织文化三个层次的对应统一来体现。组织的复合性由社会生态环境的复合化决定。组织与社会生态环境之间有机联系,组织的功能与位置决定组织的形态结构;组织与社会生态关系的对应联系体现关系的协调性,连接方式影响沟通有效性。组织物质基础在与环境互动实践的过程中,进行组织心理与文化的构建,这便是组织与社会生态环境的整体统一性。

本书的主体村寨景区即一种旅游环境对乡村地区原生社会环境介入而形成的新生组织形态,这是旅游经济环境作用下产生的复合组织系统。它反映的是复杂的旅游经济环境中原有或新介入人群组织的复杂关系。复合组织系统本质上是一个与环境有机联系的统一整体,即其景区的建设和发展的客观事实蕴含着对内部组织的统一性与整体协调性的要求。这就是社会生态环境关系中组织主体的关系变化和对应。其中产生的冲突的本质也是基于复合组织主体之间,以及对环境变化的发展水平的适应性差异。组织与社会生态环境的关系整体性和主体差异性是研究展开的认知前提。乡村村寨的旅游开发与管理行为的实质从组织的视角看,就是不同环境中具有不同文化的组织之间的互动,及组织系统的整合过程。

(二) 组织冲突与社会生态关系变化的对应统一

组织冲突是组织主体与社会生态环境之间关系的状态表现。它可以分为以结构关系为主的物质冲突和以心理文化构成为主的内部冲突。社会生态环境复杂化所产生的复合组织,其冲突也体现复合化,并与社会生态关系变化相对应。

村寨景区是旅游环境介入乡村村寨原生环境而形成的新社会生态环境内的组织系统。旅游业是一种由差异性驱动且带动性很强的产业。旅游经济产生的效应向内和向外拓展联系,形成了旅游经济环境,它对于村寨原生环境的介入体现复合性。在这种社会生态环境中，不同的组织或群体表现出不同的反应和适应性差异，这是由于个体、组织（群体）之前的环境基础影响。原生环境中已形成相对稳定的组织与环境的对应关系，同时也存在反映其关系属性及运动状态的组织冲突。当原生环境与旅游环境发生交互作用之后，新的社会生态环境逐步形成。组织主体也在适应环境的关系变化，在此过程中由于主体差异体现出不同的适应表现。这些适应差异体现为不同范围和层次的矛盾冲突，并与组织主体和环境的具体关系状态相对应。

（三）复合组织分析框架构建及冲突体系的研究是对组织研究的提升

生态心理学是人们重新审视自身与环境关系而形成的一种新的心理研究取向，以生态哲学思想为基础，研究"人与环境"关系与行为。它的整体性、系统性、有机联系性的视角与思维方式，对应当下全球一体化的社会发展趋势。新的社会环境中，组织发生了变化，基于企业范围构建的传统组织和心理理论已经不能完全解释现有的组织问题，需要一个适应环境特点和发展的思想理论。传统心理学注重实验事实的积累而忽视理论构建是错误的，扭曲了二者的关系，这样做不是发展心理学的元理论，而是使其元理论粗糙化、简单化。[①] 生态心理学的理论是对复合组织及冲突研究的一种很好的指引和提升。本书以生态整体性思想为基础构建了复合组织分析框架，尝试从一个整体的实际环境中去观察组织的性质、形态结构与发展特点，并从组织内部心理与文化体系探究其构成的系统性、层次性，以及主体之间的相互关系和作用机理。在厘清组织内外的环境关系和体系的基础上，明确了组织的属性变化、结构关系，以及文化体系的构成与社会生态环境的作用关系。进而分析了组织冲突与组织文化的内在联系，以及组织冲突对于组织功能发挥与整体发展的意义。对于组织冲突的本质与整体系统的研究，突破了个体心理状态和一般行为的表面研究，从组织整体文化的构建与组织功能的发挥中去理解冲突的本质，并把握其运动规律，这对于组织及其冲突问题的研究而

---

① 秦晓利：《生态心理学》，上海教育出版社2006年版，第131页。

言是一个新的层次提升。

乡村村寨内的组织冲突在不同的社会生态环境中体现不同的属性与关系。原生社会环境对应内部矛盾，而旅游发展阶段的乡村村寨景区内冲突因组织属性与关系的复杂化体现复合化。景区内资源主体（村民）与开发者或是管理者的矛盾，是对应环境关系的主要冲突形式，但不是唯一冲突。因为冲突的关联性与系统性，以往相关组织冲突研究基本形成一种以"独立主体的对立性"为主的研究模式。不能反映冲突的真实情况，不适应新的社会生态关系。实际上，在环境复合变化的过程中，各组织主体的关系也相应改变，并在与环境的适应互动中体现冲突的差异化、层次化、体系化。需要联系社会生态环境的整体性来考虑，深入研究地域范围内各组织主体之间与环境的关系及特点，以生态效度为基准系统研究组织冲突体系。

二 实证研究结论

（一）A 村寨景区组织冲突与社会生态关系变化的一致

以生态心理整体思想对复合组织的冲突进行系统性分析，组织冲突是组织与环境关系状态的反映，与其对应统一。组织的冲突分为物质层面和文化心理层面两种。物质层面由组织主体之间冲突关系形式与具体行为表现构成，体现为形态结构、关系连接的不对称；文化心理层面的冲突则是通过组织与社会生态环境的互动适应作用体现。物质层面的冲突是文化心理层面冲突在不同层次的外部表现，它们彼此关联，相互作用，反映组织主体与环境之间的关系。内外冲突有机联系，在组织运行和管理过程中循环作用，进而构成了组织冲突的运动发展体系。组织通过对冲突的转化协调来实现自身的整合发展。

以复合组织冲突分析框架对实际案例地 A 村寨景区组织冲突进行分析研究。以旅游发展前后 A 村寨社会生态环境的关系变化为依据，对实际的冲突进行比较研究发现，A 村寨景区冲突与其社会生态环境关系的变化相对应。旅游开发以前，A 村寨的冲突是以"日常生活、田地房产"为主的社会性冲突，与其原生环境的农业生态社会关系对应；旅游发展以后，景区冲突体现为以"村民与景区管理层之间、村寨田地房产"为核心的"经济性+社会性"冲突，景区内冲突呈现复合性和系统化。这与A村寨景区的复合属性及其"旅游经济为主，农业为辅"的复合化社会生态环境关系相对应。

复合组织的冲突体系反映组织存在的复合环境，并与其关系状态相对应。它是物质关系与内部心理关系构成的矛盾循环过程，两者内在统一。所以，组织冲突的管理与转化是组织整体及文化构建的过程，也是组织功能实现正常化的主要途径。

（二）构建A村寨景区组织冲突体系

在新的社会环境关系中对组织进行研究，首先要明确组织的属性和构成特点。组织是原创性构建还是组合型构建，这将决定组织内部各主体间的关系。对组合型复合组织的研究，需要明确各个构成主体的"前文化性"，即组织系统内主体间的文化差异。宪法中关于乡村区域自治制度的内涵阐释就提出，"客观地看，当前乡村地区改革发展面临的问题，总体上均属于区域性的共性问题，而不是某个乡村的单独问题。对于这些问题，要通过制定差别化的区域性政策加以解决，关键是坚持因地制宜、分类指导、精准发力。所以，需要将乡村村寨景区组织系统放在生存的自然和社会环境中，以各个主体对环境变化前后的适应差异进行分析。差异的存在是基于组织主体与环境互动关系的不同，即组织文化的差异。从物质结构冲突、关系冲突、管理行为中的过程冲突深入分析，同时从组织内部的文化体系冲突的不同层面进行研究，运用复合组织冲突系统模型进行组织的冲突体系构建，并进一步分析具体组织的冲突体系构成特点及作用机制。以此为基础进行针对性的生态化管理，实现冲突的转化协调。

具体案例中，以A村寨景区"经济性+社会性"的复合社会生态系统为基础，通过对各层次组织主体间冲突的实质分析，明确组织冲突的物质范围和关系；从主体关系发展的时间出发，通过组织主体互动作用的过程，即管理层对村民的具体管理过程，对冲突进行研究分析。以时空相结合的系统整体视角，研究实际环境中A村寨景区组织冲突的属性、分类、关系和特点，构建 A 村寨景区的组织冲突体系与作用机制模型。

(三) 组织冲突的生态化管理发展构建

村寨景区内的组织构成是基于文化差异的组织构建融合，所以跨文化管理就是了解并掌握组织冲突性质的前提。村寨型景区多是以传统文化为主要资源的旅游景区，组织整体性的发展与其乡村区域环境的发展有着密切的内在联系。组织冲突的控制不是单纯的组织管理、发展的或者协调的问题，而会对主体乡村文化的传承与环境协调发展产生重要影响。它不仅会影响景区的资源质量，还关系区域发展的可持续性。因此，对村寨景区组织冲突的管理，应该考虑村寨文化与生态环境的一体性。根据其原有的乡村文化特点以及组织冲突体系构成，从组织与环境整体性出发，针对性地进行差异化的管理及体系构建。培育组织逐步适应外界环境并提高内部整合的能力，应对不同的环境变化，并促进与其他组织的协调、合作、融合与自身发展。

实际案例中，通过对 A 村寨景区组织冲突体系分析研究，依据冲突与社会生态系统对应统一性的理念，提出冲突管理的生态化发展构建。运用多元的研究方法，把握组织群体与社会生态环境的复杂关系和交互构建作用。从组织整体、内部的层次关联、有机互动因素到组织文化的差异内在因素，以整体性思维为基础，针对具体的层次冲突制定多维目标体系。通过营造良好的组织内外关系，构建良性、开放的组织发展环境，使其在与环境互动作用过程中，通过对组织冲突的把握、管理，促进其有效转化、预防，进而实现组织与社会生态环境的协调适应及整体构建。

第二节 研究的创新点

本研究是基于对实际环境变化中组织发展与冲突情况的深入调查而形成的思考。组织作为社会的基本构成单元，与社会环境关系相对应。环境变化促使组织相应变革，也客观上要求组织研究的理论和方法与之对应并发展。以生态心理学整体性思想为基础，对实际复合组织属性、内涵及其冲突的构成特点、内在联系的动态发展进行分析，是从一个新层次和新视角对组织及其冲突问题进行管理研究的尝试。本书具体的创新点如下。

一 提出了组织和组织冲突与环境的统一性理念

从研究的主体概念来分析，第一，本书对实际环境中组织内涵的变化给予了明确关注，并对复合环境中的复合组织——乡村村寨景区的内涵与属性都给出了明确的界定和分析。新环境中，组织在内涵和外延上都有发展，传统的组织理论不能涵盖现有的组织内涵，也不能反映组织的真实状态，体现出其局限性。对组织属性和内涵的明确是进行组织研究的基础。第二，本书在对组织冲突研究的分析基础之上对组织冲突内涵与本质进行拓展，并明确组织冲突的内涵是组织系统主体与环境互动适应的差异状态表现，其本质是组织的矛盾运动过程。这突破了传统冲突概念对状态和表象的解释。通过分析组织系统与组织冲突的内在联系，进而提出了组织系统及组织冲突与社会生态环境的统一性关系假设。

二 构建复合组织冲突分析框架

运用生态心理学的生态哲学思想，以复合组织与环境的关系体为研究主体，对组织冲突进行深入研究并构建体系，这是本书的主要创新点。组织冲突作为组织主体关系状态的一种表现，也体现出复合化：组织主体在与环境交互的过程中产生了不同层次、类型的冲突，它构成一个相互联系作用的系统，反映组织内部和外部的关系状态。这是冲突的物质系统。另外，人群和组织在与实际生存的自然社会环境互动实践作用中，不断积累并形成一套特有的心理模式，即组织（群体）心理，它对组织的行为具有内在的影响作用。组织心理是组织系统的内层，也包含层次化的冲突系统。组织的内外系统共同构成了组织系统整体。运用生态心理学的整体思想理论对复合组织系统关系变化发展进行研究，构建复合组织冲突分析框架，以此对实际的复合组织作出相应的分析，并得到相应的结果。这是对组织理论与实际冲突研究的有效提升和发展。

三 提出组织冲突生态化管理理念

以生态观的整体视角和有机关联性出发，以"组织与环境"的关系为研究范畴，对具体复合组织的内涵及文化体系进行分析，探究组织与组织冲突的内在联系。通过组织各层级主体间的组织冲突构成、关系和特点，分析冲突形成的内外因素，从物质和内在系统两方面对组织冲突体系进行构建。从整体上把握组织冲突的构成和内在关系与作用机制，以此为基础进行针对性的差异化管理。这突破了以往组织冲突研究聚焦单一环境下具体问题的局限，同时也开启了基于组织与环境关系整体性理念的管理生态化发展进程。

第三节 研究展望

一 复合组织的量化研究

组织作为人群体的一种组成形式，集合了人性复杂、立体性和变化性的特点。与此同时，"人—环境"关系的统一性，与环境的适应性协调变化，都从不同的范畴层面决定了组织研究的复杂性和难度。在实际研究过程中，笔者发现现阶段环境中的组织具体边界难以准确界定，这是由组织与环境联系的密切性与关系的复杂化决定的。另外，环境变化的快速性使得研究持续性结果的效应减弱。而且在实际复杂环境中，对组织的测度难度大于实验室环境，因此存在影响因子难以确定和把握的问题。

目前有关组织冲突管理的研究，相对集中在具体问题以及相对独立的管理方法上，且以冲突发生以后的管理为主，缺乏系统性和危机管理意识。这是由组织研究和组织理论的视野局限导致的对组织与环境关系整体性认识不足，所以不能完整、连贯地把握组织心理和行为的本质及其作用机制。因此，如何在实际的环境条件和复杂关系中，建立一种认识和动态机制,通过辨析组织中的主体关系变化及环境变量,识别可能引发组织冲突的因素,进而建立冲突的诊断和预警系统,通过辨析冲突的性质、状态、特点、程度,对组织主体的行为进行积极引导,转化冲突以达到组织的目标,这是以后组织冲突主要的研究方向。

二 组织冲突的转化过程研究

以组织冲突的本质和系统分析为基础,在实际的管理过程中,面对复合组织的具体冲突,即可以运用系统构建从整体上把握冲突的情况。进而从组织内部各个层级主体冲突关系的分析中,解构冲突系统,区分核心与外围冲突、冲突类型、强弱程度和影响范围,采取具体的管理控制对策。以相同组织主体冲突为对象,将不同的冲突转化与预防性对策进行实践比较,筛选有效的对策;或者以相同的管理对策对不同的主体冲突进行转化效果比较,寻找其中的差异原因,研究是否存在相关性和规律性。这些均为可进一步深入研究的方向。

三 生态心理学理论发展下组织冲突问题研究

将生态心理学思想运用于组织冲突管理研究,是未来组织冲突实际管控研究的可行尝试。本书将生态心理学思想引入组织研究并构建了复合组织冲突分析框架,对组织冲突体系进行了系统性分析。在以后的研究中,可以以此为基础对实际环境中组织系统的冲突问题分类、细化,结合实验室与实际环境,进行具体专项的心理分析研究。

尽管生态心理学的理论仍处于发展阶段,但其基于人与环境关系的整体性认知理论构建,推动了心理学整体观的建立与发展。而对实际环境与组织系统互动作用的心理研究,也将逐步指导并运用于更多具体的组织问题研究及实际管理过程。目前,许多针对具体冲突问题的研究仅依靠单纯理论,无法与实际验证结果相结合,需从组织冲突的关联性与整体性出发,探寻其中的内在联系与具体特征。采用多元化、适应性的研究方法,形成方法间的互补,才能提升研究的生态效度,从而实现真正意义上的适用性与指导价值。

主要参考文献

一 中文文献

安宇：《冲撞与融合——中国近代文化史论》，学林出版社 2001 年版。

车文博：《西方心理学史》，浙江教育出版社 1998 年版。

蒋云根编著：《组织行为的心理分析》（第三版），东华大学出版社 2013 年版。

雷毅：《深层生态学：阐释与整合》，上海交通大学出版社 2012 年版。

雷毅：《深层生态学思想研究》，清华大学出版社 2001 年版。

李静：《民族心理学研究》，民族出版社 2005 年版。

李天翼：《贵州民族村寨旅游开发模式研究》，西南交通大学出版社 2014 年版。

马建敏：《旅游心理学》，中国商业出版社 2003 年版。

钱俊生、余谋昌：《生态哲学》，中共中央党校出版社 2004 年版。

秦晓利：《生态心理学》，上海教育出版社 2006 年版。

王垒编著：《组织管理心理学》，北京大学出版社 1993 年版。

薛烨等：《生态学视野下的学前教育》，华东师范大学出版社 2007 年版。

于柏青：《公共组织冲突管理研究》，中国社会科学出版社 2012 年版。

俞国良、王青兰、杨治良：《环境心理学》人民教育出版社 2000 年版。

周伟忠：《冲突论》，学林出版社 2002 年版。

朱智贤主编：《心理学大词典》，北京师范大学出版社 1989 年版。

［德］卢茨·封·罗森施蒂尔等：《组织心理学》，虞积生、黄金凤译，国

防大学出版社 1986 年版。

[法] 古斯塔夫·勒庞：《乌合之众——大众心理研究》，冯克利译，广西师范大学出版社 2007 年版。

[荷] 吉尔特·霍夫斯泰德、[荷] 格特·扬·霍夫斯泰德：《文化与组织——心理软件的力量》（第二版），李原、孙健敏译，中国人民大学出版社 2010 年版。

[美] L. 科塞：《社会冲突的功能》，孙立平等译，华夏出版社 1989 年版。

[美] 埃德加·沙因：《沙因组织心理学》，马红宇、王斌译，中国人民大学出版社 2009 年版。

[美] 埃德加·沙因：《组织文化与领导力》，马红宇等译，中国人民大学出版社 2011 年版。

[美] 埃德加·沙因：《组织心理学》，余凯成、李校怀、何威译，经济管理出版社 1987 年版。

[美] 凯斯·R. 桑斯坦：《极端的人群——群体行为的心理学》，尹宏毅、郭彬彬译，新华出版社 2010 年版。

[美] 科尔曼：《社会理论的基础》（上），社会科学文献出版社 2008 年版。

[美] 刘易斯·科塞：《论社会冲突的功能》，孙立平等译，华夏出版社 1989 年版。

[美] 史蒂芬·P·罗宾斯：《组织行为学精要》，郑晓明译，机械工业出版社 2011 年版。

保继刚、陈求隆：《资源依赖、权力与利益博弈：村寨型景区开发企业与社区关系研究——以西双版纳勐景来景区为例》，《地理科学》2022 年第 1 期。

卜乃琳：《美国学者谈组织行为学的起源》，《经济管理》1985 年第 5 期。

车文博：《学习陈老开拓创新的精神，开展可持续发展心理学的研究》，《应用心理学》2001 年第 1 期。

陈昌盛：《国内近 30 年来组织心理学研究述评》，《湖南财经高等专科学校学报》2009年第4期。

陈莉莉、邓婕、曾相征:《少数民族特色村寨开发村民受益机制研究——以西江千户苗寨为例》,《民族论坛》2011年第20期。

陈英、叶茂林:《组织冲突内在动因的全面阐述》,《商业时代》2013年第5期。

陈志永、王化伟、毛进:《社区主导转向政府主导——西江苗寨旅游发展模式演变的调查分析与评价》,《黑龙江民族丛刊》2010年第5期。

陈志永:《西江苗寨旅游业可持续发展现状调查与研究》,《贵州教育学院学报》2009年第9期。

方芳《大学生学业成绩的生态心理学研究》,硕士学位论文,江西师范大学,2009年。

方双虎:《威廉·詹姆斯与生态心理学》,《心理研究》2011年第3期。

费广玉、陈志永:《民族村寨社区政府主导旅游开发模式研究——以西江千户苗寨为例》,《贵州教育学院学报》2009年第6期。

付保红、徐旌:《曼春满村寨民族旅游中村民社会角色变化调查研究》,《云南地理环境研究》2002年第1期。

葛鲁嘉:《从心理环境的建构到生态共生原则的创立》,《南京师大学报》(社会科学版)2011年第5期。

葛鲁嘉:《心理学研究的生态学方法论》,《社会科学研究》2009年第2期。

谷金枝、陈彦垒:《生态心理学的新进展:生态危机的生态心理学》,《江西社会科学》2009年第9期。

谷禹、王玲、秦金亮:《布朗芬布伦纳从襁褓走向成熟的人类发展观》,《心理学探新》2012年第2期。

郭啸:《论组织冲突成因及管理对策分析》,《学理论》2012年第12期。

何景明:《边远贫困地区民族村寨旅游发展的省思——以贵州西江千户苗寨为中心的考察》,《旅游学刊》2010年第2期。

何鹏:《村民自治组织在少数民族村寨的历史变迁及现实表现》,《贵州民族学院学报》(哲学社会科学版)2007年第6期。

何文广、宋广文:《生态心理学的理论取向及其意义》,《南京师大学报》(社会科学版)2012年第4期。

贺银花、贺祥、陈玉梅:《民族乡村景区村民权益现状的调查与研究:基于贵州省西江千户苗寨的调查》,《贵州农业科学》2013年第5期。

侯广彦:《先秦儒家的生态心理思想探微》,《青海师范大学学报》(哲学社会科学版)2016年第1期。

胡北明、雷蓉:《社区自治型遗产旅游地公地悲剧及其治理——以民族村寨型景区为例》,《西南民族大学学报》(人文社会科学版)2014年第2期。

黄亮:《国内外少数民族村寨旅游研究进展》,《资源开发与市场》2010年第6期。

贾林祥、叶浩生:《心理学本土化研究若干问题之思考》,《陕西师范大学学报》(哲学社会科学版)2001年第3期。

李发铨、徐良松、彭代武、温敏:《跨文化差异对组织冲突过程的影响研究》,《湖北社会科学》2014年第12期。

李珑、程志君:《管理心理学研究现状和本土化前景》,《安徽农业大学学报》(社会科学版)2003年第3期。

李晓侠:《生态心理学的理论取向及其意义分析》,《开封教育学院学报》2015年第12期。

李湮:《少数民族村寨旅游社区内部和外部利益冲突类型及根源分析》,《江苏商论》2011年第11期。

李湮:《协调西双版纳傣族园村民内部利益关系的实证研究》,《广西经济管理干部学院学报》2012年第3期。

李瑶:《生态心理学视角下的生态危机问题研究》,硕士学位论文,哈尔滨工业大学,2014年。

凌文辁等:《组织心理学的新进展》,《应用心理学》1997年第1期。

凌文辁:《行为科学在中国》,《战略决策研究》2010年第3期。

刘婷、陈红兵:《生态心理学研究述评》,《东北大学学报》(社会科学版)2002年第2期。

刘炜：《企业内部冲突管理研究》，博士学位论文，首都经济贸易大学，2007年。

刘新：《企业组织冲突内部成因分析》，《商场现代化》2009年第23期。

卢盛忠：《美国工业组织心理学的现状与发展》，《应用心理学》1994年第2期。

卢盛忠：《中国管理心理学发展的回顾和展望》，《应用心理学》1995年第1期。

卢野鹤：《冲突社会学理论简介》，《社会科学》1986年第11期。

罗辉：《社区参与旅游发展的利益冲突》，《玉溪师范学院学报》2006年第11期。

罗永常：《民族村寨旅游发展问题与对策研究》，《贵州民族研究》2003年第2期。

罗永常：《民族村寨社区参与旅游开发的利益保障机制》，《旅游学刊》2006年第10期。

马克禄、葛绪锋、黄鹰西：《香格里拉旅游开发引发的藏族社区冲突及旅游补偿调控机制研究》，《北京第二外国语学院学报》2013年第11期。

马明明：《试论生态心理学的发展态势及前瞻》，硕士学位论文，陕西师范大学，2015年。

马新建：《冲突管理：基本理念与思维方法的研究》，《大连理工大学学报》（社会科学版）2002年第3期。

马新建：《冲突管理：一般理论命题的理性思考》，《东南大学学报》（哲学社会科学版）2007年第3期。

苗续：《解析生态心理学的理论取向及其意义》，《黑龙江科学》2015年第8期。

彭熠、和丕禅：《我国企业组织冲突的动因分析及管理对策》，《中国软科学》2002年第9期。

秦晓利：《面向生活世界的心理学探索——生态心理学的理论与实践》，博士学位论文，吉林大学，2003年。

秦晓利、夏光：《生态心理学的元理论解析》，《长春工业大学学报》（社会科学版）2004 年第 1 期。

邱棣：《民族村寨社区参与旅游模式探析——以贵州郎德上寨为例》，《四川烹饪高等专科学校学报》2010 年第 4 期。

邱益中：《国内外学者对企业组织冲突问题的研究》，《外国经济与管理》1996 年第 5 期。

任永亮：《非正式组织研究述评》，《合作经济与科技》2007 年第 3 期。

邵华、葛鲁嘉：《生态主义背景下的和谐社会与和谐心理探讨》，《系统科学学报》2012 年第 3 期。

沈鹏、郝永泽：《管理心理学在我国的发展历程及现状分析》，《吉林省教育学院学报》2011 年第 5 期。

司亦含：《交换权利视域下的西南民族地区群体性事件分析——以贵州西江苗寨为例》，硕士学位论文，重庆大学，2014 年。

苏世同：《心理环境论》，《吉首大学学报》（社会科学版）1999 年第 4 期。

谭千保：《生态环境问题的心理根源及出路》，《心理研究》2008 年第 1 期。

唐雪琼、车震宇：《哈尼村寨旅游开发的社会文化影响的初步研究——以元阳县箐口村为例》，《红河学院学报》2004 年第 3 期。

汪罗：《埃德加·沙因：企业文化与组织心理学的开创者》，《当代电力文化》2014 年第 2 期。

王晶晶、张浩：《冲突管理策略理论述评》，《经济与社会发展》2007 年第 10 期。

王玲玲、何敏：《生态心理学语境下的人与环境》，《四川教育学院学报》2009 年第 8 期。

王琦、杜永怡、席酉民：《组织冲突研究回顾与展望》，《预测》2004 年第 3 期。

王树梅、金德谷、胡咏梅：《贵州民族地区村民自治存在的问题与对策——以贵州省雷山县丹江镇白岩村为例》，《河北农业科学》2010 年第 4 期。

吴建平：《生态心理学探讨》，《北京林业大学学报》（社会科学版）2009年第3期。

吴晓山：《冲突在民族文化旅游中的动因与消解》，《四川民族学院学报》2013年第4期。

吴亚平、陈志永：《民族村寨景区化发展中地方政府逐利行为的生成逻辑及治理研究》，《黑龙江民族丛刊》2016年第3期。

向常春、龙立荣：《论组织冲突的哲学基础》，《自然辩证法研究》2009年第8期。

肖二平、燕良轼：《生态心理健康——心理健康研究的新视野》，《湖南师范大学教育科学学报》2002年第4期。

肖志翔：《生态心理学思想反思》，《太原理工大学学报》（社会科学版）2004年第1期。

徐传来：《现象学心理学和生态心理学的比较研究》，《常州工学院学报》（社科版）2007年第6期。

徐联仓：《访美国工业——组织心理学家》，《外国心理学》1982年第2期。

许若愚：《浅谈我国少数民族区域自治制度的状况——以西江苗寨为例》，《知识经济》2014年第24期。

许松芽：《新手—熟手—专家型教师成长的学校生态观研究》，硕士学位论文，福建师范大学，2004年。

严栋：《旅游资源开发中利益相关者的利益冲突及成因分析》，《教育教学论坛》2011年第33期。

杨忠实、文传浩：《民族文化与生态环境的互动关系》，《思想战线》2005年第5期。

叶浩生：《当代心理学的困境与心理学的多元化趋向》，载秦晓利《生态心理学》，上海教育出版社2006年版。

易芳：《生态心理学的理论审视》，博士学位论文，南京师范大学，2004年。

易芳：《生态心理学之背景探讨》，《内蒙古师范大学学报》（教育科学版）2004年第12期。

易芳：《生态心理学之界说》，《心理学探新》2005年第2期。

易芳、俞宏辉：《生态心理学——心理学研究模式的转向》，《心理学探新》2008年第1期。

易芳：《与生态学有关的心理学概念辨析》，《赣南师范学院学报》2003年第5期。

[英] 弗兰克·海勒：《关于组织心理学内容和价值的再思考》，《应用心理学》1988年第1期。

张海燕、李岚林：《基于和谐社会建设的西南民族地区旅游产业利益相关者利益冲突与协调研究》，《贵州民族研究》2011年第6期。

张洁、杨桂华：《社区居民参与旅游积极性的影响因素调查研究》，《生态旅游》2005年第10期。

张紧跟：《村民自治的困境分析》，《中山大学学报》（社会科学版）2001年第5期。

张娟、刘宏盈：《我国少数民族村寨旅游研究进展》，《市场论坛》2011年第2期。

张利燕：《心理学研究的生态学倾向》，《心理学动态》1990年第1期。

张涛、邱奇：《组织冲突前因及其影响效应研究现状评述》，《中国高新技术企业》2007年第14期。

张晓：《西江苗寨传统文化的内在结构》，《中央民族大学学报》（哲学社会科学版）2008年第2期。

张志学：《组织心理学研究的情境化及多层次理论》，《心理学报》2010年第1期。

钟洁、李如嘉、唐勇：《四川民族村寨社区旅游社会冲突的调控机制研究——以甲居藏寨为例》，《开发研究》2013年第3期。

钟洁、杨桂华：《旅游社会冲突的特征、主体与类型——基于对西部民族地区旅游业发展的考察》，《贵州民族研究》2014年第1期。

周春美：《生态心理学方法论研究》，硕士学位论文，湖南师范大学，2006年。

周振明、庄美君:《论组织心理学研究的对象》,《上海大学学报》(社科版)1991年第6期。

朱武生、宋联可:《中国情景下的组织文化分类实证研究》,《南京社会科学》2010年第10期。

訾非:《走向生态主义的心理学》,《北京林业大学学报》(社会科学版)2014年第2期。

左冰:《共容利益:社区参与旅游发展之利益协调》,《旅游科学》2013年第1期。

二 外文文献

A. W. Wicker, *An Itroduction to Ecological Psychology*, NY: Cambridge University Press, 1979.

D. Winter, *Ecological Psychology: Healing the Spilt Between Planet and Self*, Harper Collins College Publishers, 1996.

G. S. Howard, *Ecological Psychology: Greating a More Earth-Friendly Human Nature*, University of Notre Dame Press, 1997.

L. E. Godron, *Theories of Visual Perception*, John Wiley & Sons Ltd., 1989.

L. R. Pondy, "Organizational Conflict: Concepts and Models", *Administrative Science Quarterly*, No. 12, 1967.

M. Afzafur Rahim, "Toward a Theory of Managing Organizational Conflict", *The Ineternational Journal of Conflict Management*, No. 13, 2002.

M. Deutsch, "Sixty Years of Conflict", *The International Journal of Conflict Management*, No. 2, 1990.

Moya Kneafsey, "Rural Cultural Economy Tourism and Social Relations", *Annals of Tourism Research*, No. 3, 2001.

N. W. Smith, *Current Systems in Psychology: History, Theory, Research, and Application*, Wadsworth, Thomson Learning, Inc., 2001.

P. Schoggen, *Behavior Settings: ARevision and Extension of Roger G. Barker's Ecological Psychology*, Stanford University Press, 1989.

S. Kariel, *The Pragmatic Momentum of Eoclogical Psychology*, University of Hawall, 1985.

V. Bruce, *Visual Percreption*: *Physiology*, *Psychology and Ecology*, 3rd edition, Psychology Press, Erlbuam Taylor & Francis Ltd., 1996.

附录　A 村寨景区冲突调查问卷

尊敬的受访者：

为了真实、全面地了解 A 村寨苗寨景区的相关真实情况，我们编制了此问卷。问卷无记名，只作为概率统计使用，希望您反映真实想法。真诚感谢您的合作与支持！（请在适合的选项序号上打√）

一　个人基本情况（你所在的具体片区：）

1. 你的性别：

①男　　　　　　　　②女

2. 你的年龄：＿＿＿岁

3. 你的受教育程度：

①小学　　　　　　　②初中　　　　　　　③普通高中

④职业高中　　　　　⑤大学及以上　　　　⑥其他

4. 你或者你的家人参与旅游经营活动：

①全家参与　　　　　②部分人参与　　　　③不参与

5. 你或者你的家庭现在的生计方式：

①纯农业生产，没有参与旅游经营

②农业生产为主，少部分旅游经营

③旅游经营为主，少部分农业生产

④农业生产与旅游经营的比重相当

⑤纯旅游经营，没有进行农业生产

6. 你的年收入大概是

二 景区发展基本情况

1. 你认为 A 村寨是一个景区整体还是和以前一样的村寨？

①景区整体　　　　　②原来的村寨　　　　　③说不清

2. 你认为自己的身份是

①村民　　　　　　　②景区旅游经营者　　　③两个都是

3. 旅游发展以后，你家里的耕地面积：

①减少了　　　　　　②增加了　　　　　　　③没变化

变化的原因是

4. 你认为 A 村寨景区应该属于：

①A 村寨全体村民　　②政府　　　　　　　　③管理局

④说不清

5. A 村寨旅游发展给你的生活带来的变化：

①非常大的改善　　　②一定改善　　　　　　③很少的改善

④没有变化　　　　　⑤负面影响

6. 旅游发展给你带来的最大变化是

①村寨管理的方式　　②经济收入的增加　　　③生计方式的改变

④村民之间的关系

7. 以上的变化请按影响的重要程度排序：

8. 你目前最大的希望是

①收入增加　　　　　②自身发展　　　　　　③权益有保障

④景区发展　　　　　⑤其他：

按重要性排序的话，顺序是

三 景区矛盾情况

1. 旅游发展以前，你接触或经历的村寨内最突出的矛盾是（可以多选）

①日常生活矛盾　　　②家庭矛盾　　　　　　③田地房产矛盾

④村寨之间的公共事务

2. 现在景区内你所遇到或者知道的最突出的矛盾冲突是（可以多选）

①日常生活矛盾　　　　②家庭矛盾　　　　　③田地房产矛盾

④村寨之间的公共事务矛盾　　　　　　　　⑤旅游经营矛盾

⑥村民与管理者的矛盾　　　　　　　　　　⑦村民之间的矛盾

以上的选项，请按矛盾的强烈程度排序：

3. 你认为造成主要矛盾的原因是（可以多选）

①旅游发展环境影响　　　　　　　　　　　②收益分配不公平

③自身权益没有保障　　　　　　　　　　　④村民传统思想的变化

⑤其他：

4. 如果请你对以上矛盾的原因按照重要程度排序，你的排序是

5. 旅游发展以后，村民之间最突出的矛盾是

①旅游经营矛盾　　　　　　　　　　　　　②贫富差距矛盾

③邻里纠纷矛盾　　　　　　　　　　　　　④日常社会事务矛盾

其他：

6. 如果遇到需要调解的矛盾纠纷，你首先愿意向谁反映

①寨老、鼓藏头　　　②村委会　　　　　　③管理局相关部门

④村寨内自发性管理组织

7. 你对现在村寨景区的管理方式

①认同支持　　　　　②部分支持　　　　　③完全不认同

8. 你对管理局的意见（不满意的地方）是（可以多选）

①政策的不合理　　　②管理的具体方式　　③景区收益的分配问题

④不尊重村民的权益（知情权、参与权、发展权）

⑤反映情况没有有效回馈　　　　　　　　　⑥其他

请按重要程度排序

9. 你觉得村委会能否代表村民的利益

①能　　　　　　　　②部分能　　　　　　③完全不能

10. 你认为谁能代表村民的真正利益？

11. 解决景区主要矛盾的关键在于

①管理局的改变　　　②村委会的作用　　　③村民自身的努力

后　　记

　　这个研究过程于我而言，算是对心理学从兴趣到沉迷、再到执着的一种交代。

　　我们总是在经历与思考中挣扎前行，一个人、一件事、一个时刻……寻找、点亮着那个灯火阑珊处的自己。

　　要感谢引领我进入学习新境界的恩师，以及给予支持的家人和朋友。从理论到实践，再从实践回归理论思考并提升的过程，既是历练也是享受。我享受着学术和人生不同阶段的独特体验，透过这一扇门看见不同的世界。

　　管理的范畴，从管理物延伸至人，由约束他人转向自我管理；从关注个体发展到统筹集体关系。在我与我们、自然物之间，各个主体的关系于纷繁复杂中被持续梳理。在不同领域不断汲取养分，经历生长蜕变，最终绽放出绚烂的花朵。而我所求，不过是真实可触的那朵！

　　一个假设、一种理念，最终只是想能有人和我一起驻足思考那相同的一秒！

胡　莹

2024 年 10 月 31 日